착한 고양이한테 생선 가게를 맡기다

착한 고양이한테 생선 가게를 맡기다

초판 1쇄 인쇄 | 2025년 9월 27일
초판 1쇄 발행 | 2025년 9월 30일

지 은 이 | 홍기연
펴 낸 이 | 박세희

펴 낸 곳 | (주) 도서출판 등대지기
등록번호 | 제2013-000075호
등록일자 | 2013년 11월 27일

주 소| (153-768) 서울시 가산디지털2로 98,
        2동 1110호(가산동 롯데IT캐슬)
대표전화 | (02)853-2010
팩 스| (02)857-9036
이 메 일 | sehee0505@hanmail.net

편집 디자인 | 박세원

ISBN 979-11-6066-119-4
ⓒ 홍기연 2025, Printed in Seoul, Korea
값 12,000원

• 잘못된 책은 바꾸어 드립니다.

詩와 수필 반성문

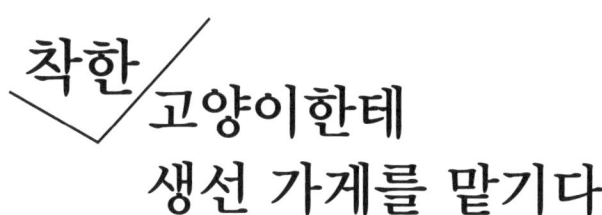
착한 고양이한테
생선 가게를 맡기다

홍기연 제3시집

등대지기

| 시인의 말 |

 이 책은 특별한 이의 자서전自敍傳도 아니고 대기업의 CEO로 성공한 사람에 성공담 이거나 감동적으로 각색한 소설도 물론 아니다. 아무리 금테를 두른 시인 자격증만 있으면 무엇에 쓰랴? 재수 좋아야 기껏 정부미 반 가마니 값도 안 되는 원고료를 받아 목구멍에 풀칠이나 할 수 있을런지….

 시인詩人은 외로워서 시를 쓴다고 했잖는가?
 어리석은 지아비로 50여 년을 함께하던 아내를 앞세운 죄인이 그를 그리워하며 쓰기 시작한 반성문이 후회와 번민을 넘어 졸렬한 변명으로 퇴색 된 것이 아닌지 모르겠다.
 특히, 나의 유년 시절 반항적 성장기 어린 가슴에 담아 뒀던 얘기들을 서사체敍事體형식을 빌려 크게 한번 웃을 수 있지나 않을까 희화화戱畵化해볼 요량이었으나 자칫 내 가족의 미화美化에 치우친 건 아닌지 심히 조심스럽지 않을 수 없겠다.

 그리고 마음속에 꼭 감춰둬야 할 순애보殉愛譜 같은 젊은 날에 순수했던 사랑을 섣불리 내색한 것은 아닌지 조심스럽고 부끄러운 마음 또한 없지 않다.

 오직, 내가 평소 존경하고 사랑하는 이웃 중에 단 한 사람이라도 이 부족한 글들을 눈여겨보는 이가 있다면 그것만으로 만족스럽고 고마워할 것이며 부디 잊혀가는 마음에 고향을 찾아가려는 모든 이들에게 조그만 위안으로 되살아 났으면 좋겠다.

 끝으로 내 사는 동안 하찮게 차를 몰고 가다 차 발자국에 고인 흙탕물 이라도 튀게 했었다면 늦게나마 반성하고 미안함을 생각해야 되지않겠나?

2025년 10월 10일
상리 홍기연

| 서시 序詩 |

그 사람

어느 날 갑자기
내가 아끼던 그 사람이
많이 아프다고 한다.

몸조리하고 오라며
당진에 *별채로 보내던 날
그는
얼른 다녀오마고 약속했다.

떨어져산지 달포도 안됐는데
금방이라도 날 부르며
방문을 두드릴 것만 같아
창문 열고 밖을 내다보니
소슬 바람에 낙엽만
하나- 둘 떨어지고 있었다.

몸이 더 아픈건가, 아니면,
좋은 사람이라도 생겼는지?
이젠 전화도 없다.

* 충남 당진 석문면 산11번지 선영하先塋下

차례

시인의 말 … 04
서시 … 06

제1부 시

그의 가슴에 핀 물망초

백령도에서 … 16
청산도에서 … 17
조조할인부朝割引 … 18
도문에서 바라본 동토 … 19
배록담 … 20
외할머니 댁 … 21
아내 닮은 신발 … 22
자유부인 … 23
홀앗이의 삶 … 24
개똥참외 … 25
형제의 대화童詩 … 26
영랑호에서 … 28
북녘의 최고존엄 … 29
예쁜색시 부임赴任 … 31
주인 잃은 까마중 … 32
백두산 천지天池에서 … 33
솜틀집 외상값 … 34

소나기 … 35
온정리에서 만난 사람들 … 36

그 뒤

그 사람 … 38
옛 집 … 40
생일선물 … 41
간이역에서 … 42
아내의 밥상 … 43
부치지 못한 편지 … 44
늦은 귀가 … 45
악처惡妻 … 46
안식의 시간 … 47
자학自虐 … 48
혼자 서 있었다 … 49
빨간 꽃장화 … 50
중매 잘 하면 … 51
젊은 날의 그늘 … 52
아내의 외출 … 53
배웅의 시간 … 54
그리움 … 56
슬픔은 남은 이의 몫이란다 … 57
기다림의 미학 … 58

제2부 수필

세 여자 중에서 내가 선택한 사람 ··· 60
막내며느리 없는 곳에선 불안하시단다
세탁기 사달라고 노래 불렀는데

내가 태어난 것이 전설이었나? ··· 76
목선을 타고 소리개 바위로 간 사람들
결과만 보면 훌륭한 연출자가 아닌가?

착한 고양이한테 맡긴 생선가게 ··· 86
현상이 누나는 이 방에서 자면 되요
자기 발 저릴 짓을 누가 했나?

수원댁 둘째 딸 시집가던 날 ··· 103
예쁜 짝 만나면 먼 산 바라보며 속으로 웃고
부뚜막에는 먼저 올라간 고양이

사회적 혼란기에 자라난 동심들 ··· 118
참외서리 하다 들키면 장난이라 둘러댔다
돼지 새끼를 끌고 왔는지 내가 끌려갔는지

유년기에 바라본 보릿고개 … 131
지게목발 보리 찬밥 한 덩이 대롱대롱
소풍가는 날은 꼭 비가 왔다

자전거 택사타고 인도를 달린다 … 140
사람을 젊게 만드는 것이 있다면 하나는 사랑이요
북한 정보원으로 보이는 까만 안경을 낀
사람들이 내 동태를 살핀다

제3부 수상록隨想錄 중에서

산다는 것은 사랑하는 사람을 보내는 연습이다 … 153
마음이 울쩍해서 새벽길을 나섰습니다 … 155
아내의 손은 따뜻하였고 가만히 떨리고 있었다 … 159

시詩

그의 가슴에 핀 물망초
- 51년간의 여유와 삶 -

멀리서 개짖는 소리가 바다를 건넌다.
비바람에 양철문은 덜커덩 거리고
밤이 깊도록 전깃줄도 잉잉 울어댔다
민박집 할머니는 애보러 갔는지
집안에는 우리 내외內外만 산다
아르목에서 하던말 다 잇지못하고
팔베개하고 스르르 잠드는 사람
나는 밤이깊도록 그사람의 곁을지켰다.

백령도에서

돌멩이 하나 걷어차면
북녘땅 장산곶에
떨어질 것만 같은데
백령도 사곶 백사장에
파도가 왔다간 자리로
군용기 한 대가 내린다.

두무진 선대암을 지나서
임당수에 다다르니
점박이 물범들 여럿이
심청이가 타고 왔던
연꽃을 지키다 한가이
낮잠만 자고 있었다…

청산도에서

멀리 개지짖는 고리가 바다를 건넌다
비바람에 양철문은 덜커덩 거리고
밤새도록 전깃줄도 윙윙 울어댔다
민박집 할머닌 애보러갔는지
민박집엔 우리 내외만 산다
아르목에 하던말 잇지못하고
팔베게하고 스르르 잠드는 사람
나는 밤이깊어가도록
그에 곁을 지켰다.

갯뻘에 갇힌 목선넘어에서
망둥이와 황바리의 싸움질로
청산도의 아침은 활기를 찾아가고
서편제 남도아리랑 노래가
바람결에 들려오는것만 같다
근사한 조찬이 아니면 어떤가?
찻잔하나 앞에놓고 마주한 사람
건강하니 고맙고 웃어주니
더욱 아름다운 아침이다.

조조할인 早朝割引

해가 중천인 나절 무렵 친구와
신설동 노벨극장 뒷 골목을
우연히 지나갔습니다.

홍등아래 유리창 너머로
분냄새 새어나 코를찌르고
옷은 입었는지 안 입었는지
짙고 화사한 아가씨들이
줄지어 앉아 우리를 향해
손짓해 댄다.
군인 아저씨들!
차 한잔하고 쉬어가시죠?
조조할인도 해드립니다.

양양에사는 군대 친구가
바짝 다가서며 내 옆구리를
쿡쿡 찔르는데 나는 무슨
영문인지도 몰랐습니다.

도문에서 바라본 동토

100여 미터 두만강 건너편
검게 그을린 어린 병사가
총도 메지 않은채
낡은 난닝구 바람으로
힐끔힐끔 우리을 바라본다.

멀리 민둥산 아래로
음산한 동네 골목에는
움직이는 사람도
작은불빛 하나 없다.

나무가 없는 민둥산 등성이에
먹을것이 없다고 소문났는지
새들도 두만강을 건너와
도문에 와서 사는가보다

무겁게 침묵하는 동토凍土.

백록담

가쁜 숨 몰아쉬며
일행을 따라나섰습니다

모든 풍상을 견뎌온
고사목들이 서있는 언덕빼기
순한노루 한 마리가
우두커니 서서
나를 바라봅니다.

밑 빠진 독처럼
백록담엔 물 예닐곱 드럼
남짓 남았을가?
새들도 서둘러 날라와
물 마시고 갑니다.

외할머니 댁

뒤뚱뒤뚱 어머니 손 잡고
외갓집에 갔다.
덕산에서 참나무쟁이까지
참외막을 지나고 꼬불꼬불
신작로길 덕산서 수덕사까지
산길을 걸어서 갔다.

주저리주저리 고욤이 익어갈 때
외할머니의 옛날이야기로
밤 가는 줄 모르고
수덕사로 단풍놀이 갔던 날
할머니가 내게
마른오징어 한 마리 사주셨다.

아내 닮은 신발

남편과 자식들
건강을 위해
허리 구부려
부처님께 빌다빌다

풍경소리에
놀라 눈을 뜨는
대법당 아래
돌계단에 벗어 논
아내닮은 신발.

자유부인

그 사람은 평소
고맙다는 말을 자주하였다.

월급봉투를 50여년 넘게
통째로 갖다 주면서도
외상술 대추나무 연 걸리듯
퍼 마시지 않고 노름 빚으로
집 잡혀먹지 않았다며
제일이라 치켜세우더니

이제 와
퇴임 달포도 안 지났는데
때되면 조석챙겨 먹으라 하고
집안청소 시범 딱 한번 보여주고는
자유부인 되었다며 마실 간다네…

홀앗이의 삶

저녁노을 붉게 물드는 갯벌너머
긴 그림자가 줄을 서는데
밀물에 쫓겨 나오는 아낙네의
발걸음은 무겁기만 했다

목 길게 빼고있을 어린 것들과
눈 어두운 시어미 조석 걱정에
홀앗이 속은 까맣게 타들어 가건만
오늘도
지아비는 주막에서 술에 취해
크게 들레고 있을테지

개똥참외

푹푹 찌는 여름날
짠내나는 댑싸리나무 그늘에
삽삽개가 벌러덩 나자빠져
낮잠 자는 사이에도
개똥참외는 익어가나 보다

갈라진 시멘트 좁은틈새로
개똥이 스며들어 거름이 되었나
개구쟁이들 손길 닿지않고
바닷바람 거세다 한들
그곳이 개똥참외가 숨어 사는
안전 지대인가 보다

뜨거운 햇살에 익어가는
개똥참외가 그곳에 산다.

형제의 대화 童詩

(1)
형아야 되게춥지?
엄마는 우리를 발가벗겨
옥상 빨래줄에 거꾸로
왜 매달아 놨을까?
꼼짝도 못하게 집게로
물려놓는지 모르겠단 말야

세탁기 안에서는
막내 똥싼 바지와 뒤엉켜
구린내나 맞게하고…
한시간도 넘게 뺑뺑이를 돌았더니
어지럽고 가슴이 울렁울렁거려
온 동네가 거꾸로 보이잖어?

(2)
야!
이런건 아무것도 아니드래잖니?
아버지가 그러시는데
옛날에는 동지 섯달에도

추운 냇가 빨래터에서
다 헤진 무명빤쓰까지
빨래 방망이로 얼마나
두들겨 맞았는지 모른댔어…
아—— 그럼
할아버지들은 많이 아팠겠다
그지?

영랑호에서

설악동 응달진 북벽에
잔설이 녹아내리고
영랑호 물 위에 기댄
버드나무 가지
산들산들
바람에 스친다.

갈대숲에 갇힌 잉어떼
인기척에 깜짝 놀라
허둥대는데
들리는 둥 마는 둥
멀어져 가는
산비둘기 우는 소리.

북녘의 최고존엄
– 2008년 4월 개성 방문기 –

붉은 선동구호 아래로
삐쩍마른 고양이 한 마리가
먹을것을 찾아 기웃대는 개성시내
서둘러 걸어잠근 녹슬고 허름한
양철문틈으로 밀고 밀치는
사람들의 눈망울들이 왔다갔다
남쪽에서 왔다는 우리들을
보기위해 야단법석이다.

선죽교와 박연폭포를 들른 뒤
버스 뒤쪽을 향해 앉아있던 감시원이
갑자기 강제통제에 들어간다며
버스를 보안서(파출소)앞에 세우고
"북조선 최고존엄을 욕되게 한
동무들 빨랑 나오란 말입네다"고
크게 소리친다.

일행중에 둘이서 선동구호와 김정일
사진을 향해 손가락질하며 낄낄대고
크게 웃은것이 반동이고 죄라나?

두어시간 가까이 조사받고 가까스로
풀려나와 차에 오르던 순간
삽시간에 찬물을 끼얹진 듯
차車안이 조용해 졌다.

예쁜색시의 부임赴任

고향에서 옛모습 찾기가 어려웠네
새끼줄 뭉치로 공놀이하던 뒷산은
빌딩이 들어서고 아버지 따라서
부역하던 신작로는 국산 도락꾸들이
질주하는 고속화 도로로 변해 있더군

아이 울음소리 들리지 않고
대문마저 굳게 닫혀있는 옛집
어릴 적 바다같던 텃밭이
때기밭 되고 아득하던 아랫마을도
손에 잡힐 듯 하네

자네와 내가 이른 새벽 통학버스
기다리던 곳 어쩌다 예쁜 색시가
부임하기라도 하는 날에는
자기남편 단속에 온동네 아낙네들이
애간장 태우던 주막도 헐리고 없었지…

주인 잃은 까마중

보릿고개 넘을 때 쯤
어린것들 배곯을까?
잠 못들던 우리 어머니

허기져 들락거리던 외밭
어머니가 돌려세워 커버린
까마중이 하얀꽃을 피웠다.

주저리 주저리
까맣게 잊어가던 까마중이
이젠 주인을 잃었나 보다.

백두산 천지天池에서

8천만 민족의 혼이 살아 숨쉬는
우리의 영산 백두산 장군봉
적선積善한 인간들 한테만
내어준다는 천지라 했나?
그리는 당신을 비구름이 가로막아
가슴에만 품고 돌아서나 싶었는데.

물 안개가 잠시 숨을 고르고
하늘빛 큰 물두멍을 내주는 당신
용암사이로 솟아올라 못沼을 채우고
한민족의 기상으로 흘러가고 있었다.
동東쪽으로 서西쪽으로…

솜틀집 외상값

설날이 까워지면
등잔불 심지돋워 가며
밤새도록 자식들 설빔을 꿰매
머리맡에 쌓아 놓으시고
누이동생이 하루에도 몇 번씩
색동저고리를 입어보는 재미에
그렇게 설날은 다가왔다.

형아의 끈질긴 꼬임에 빠져
어머니몰래 깔아놓은 외상값
설 대목에 갑자기 찾아온
솜틀집 아저씨 한테
아버지 몰래 돈 20환을
얼른 내어주시던 우리 어머니…

소나기

우두둑 우두둑 기별도 없이
비구름이 까맣게 몰려 온다
앞뜰 마른배미를 적시고
호박 넝쿨를 지나
돼지 우리깐 양철지붕을
힘차게 두드린다.

청개구리 앞다퉈 조잘대고
바깥 마당에 널어놓은
보리멍석 떠내려 가려나?
뚜껑 열어놓은 장독 물넘칠라
참샛골 떼기밭에 동부따다 말고
불낫케 달려오던 어머니…

온정리에서 만난 사람들
- 2007년 10월 금강산 방문기 -

휴전선너머 북녘 땅
길을 가로막고 섰던 앳띤병사들
작고 까마잡잡한 허기진 얼굴
어깨에 멘 늘어진 총자루 끝에는
가난과 증오가 매달려 있었다

차창 밖으로 스치는 금강산 줄기
민둥산에 살던 새들조차
동원 되었는지 보이지 않았다

두세번 이어 묶어세운 나무 전봇대
자갈밭에 돌려 세운
어린 배추도 핏기하나 없다
옥류관 느릿하고 무표정한 여종
군가를 부르며 행진하던
어린 병사들에 구령소리만 지금도
찌렁찌렁 들려 오는것만 같다.

그 뒤
- 슬픔과 그리움 사이 -

사람이 떠난 뒤
앉으나 서나 기다려 보지만
오늘도 바빠서 못 오는가 보다.
온종일 내 마음은 현관문 앞에
멈춰 서있었다
50여 년을 산과 들 그리고 낚시터로…
환하게 웃어주고 마음도 넉넉했는데
화가나서 이젠 안 오려나 보다.

그 사람

그 사람은 여행을 무척 좋아했습니다.
전국 이름있는 관광지나 휴양시설이 깨끗한 곳.
무엇보다 입질을 잘하는 낚시터라면 어디든 함께
찾아 나섰습니다.
그렇지만 장시간 좁은 공간에 갇혀 있는걸
좋아하지 않아 비행기 타고 멀리 가는 해외여행은
자주가지 못했습니다.
그저 탁 트인 바다나 호수를 늘 동경하였는가?
하면 공기가 맑고 푸른 숲길을 자주 찾았으며
친정엄마가 살아계실 적에 산동네 친정집도
내가 신경 써 자주 동행해 주었습니다.
무엇보다 항상 가족을 태우고 다녀야 하는
안정성定安性과 남편의 체면도 생각해야 한다면서
으레 값비싼 승용차를 네 번씩이나 바꿔어
새로 사줬습니다.
그 사람은 평범한 생활에 익숙해선지 먹는
음식에는 늘 소박했으며 국수를 자주 즐겼는데
멸치 몇 마리 똥도 빼지 않은 채로 삶은 제 국물에말아
열무김치를 얹어먹는 소박한 사람이었습니다.

옷은 나이답지 않게 화사한것을 선호 하였지만
새로운 옷 한벌사면 딸들과 같이 66치수를
돌려가며 입었고 핸드백이나 신발도 최신 유행을 좇아
어느 한 사람이 구매하면 공동으로 돌려가며 사용하곤
했으니 매우 경제적이라 아니할 수 없습니다.

그런데, 어느 날 갑자기
그를 먼저 떠나보낸 것이
그저 안타깝고 미안하고 가엽기만 합니다.

뒤돌아보면 나는 여러가지로 부족했던 사람이었습니다.
여름에는 시원한 그늘이 되어주는데 인색하였고
겨울에는 따뜻한 등을 넉넉히 내어 주지도 못했습니다.

어느 유명(H)시인은 날 보고
"같이 사는 동안 얼마나 싸웠느냐?"고 물었습니다.
또 한 분의 (K) 시인은"아내를 잃은 슬픔이 그만큼이면
그래도 행복한 사람이라"고 말했습니다.
나는
그 말에 깊은의미를 한참 후에야
이해할 수 있었습니다.

옛 집

나지막한 싸리 울타리를 지나
돼지우리 지붕을 타고 올라가던 박넝쿨
문고리에 걸어놨던 시들어버린 감꽃
밤이면 냇가에 미역감던 누나들에
까르르 까르르 숨넘어가던
간지럼타는 소리

앞뜰 무논에 느릿한 우렁이들
사나운 가시 틈으로 노란 탱자 한 알
변소간과 나뭇가지 사이에 찢어진
거미줄에 매달려 살려달라고 소리
지르던 왕매미 한 마리
사르르 사르르 눈 오는 소리

집구텡이에 싸놓은 이끼 낀
기왓장 밑으로 쥐방울이
들락거려 반들반들 길이 나 있었다.

생일선물

그 사람이 쉬는 곳
양지쪽에 제비꽃 하나
보랏빛 꽃등켜고 서있다

명주올 같이
가느다란 손가락에
끼워주기로 약속하고도
지키지못한 그 약속
주먹만치나 큰 다이야 반지

이제와
무엇이 위로가 되랴?
일흔 세 번째 생일 날
제비꽃반지 만들어
제단에 내려놓고 왔다.

간이역에서

한없는 그리움으로
세월을 기다리는 간이역
낡은 벤치에 기대앉아
먼 하늘만 바라봅니다.

그동안 긴 여정이었지만
나는 어진 사람을만나 행복했습니다
그리고
지금 와 생각하니 모두가 잠깐
들렀다가는 간이역임을 배웠습니다.

얼마 남지않은 가을햇살과
두고가는 한 덩이 정 情도 아쉽지만
조석朝夕도 못 가리는
허수아비가 되기 전에
박수소리 들으며 떠나려고
여기 이별을 향해가는
기차를 기다리고 있습니다.

아내의 밥상

딸그락 딸그락
아내의 밥상을 차린다고
주방앞에 고무장갑을
낀 손이 무척 둔하기만 했다.

오늘따라 그에 신음 소리가
문밖으로 새어 나오더니
갑자기 라면이 먹고 싶다기에
흔해빠진 달걀도 넣지 못한 채
신라면 한 사발 끓여 내놨는데
입맛 없다며 못 먹겠단다

오늘 저녁엔
세상에서 가장 맛없는 라면을
아내 대신 내가 먹었다.

부치지못한 편지

서둘러 가느라 전화기도 못 가지고 갔다니
자주 연락도 못하는 내가 답답하기만
합니다.

요사이 큰 추위가 기승을 부렸는데도
당신이 꽃 피기만을 기다리던
산세베리아가 베란다 양지쪽에 노란꽃
피웠다는 소식 전하며,

북풍한설에 산 대나무 서걱거리고
참새 가족들이 둘러앉아 조잘대는 참새골
음달진 곳에 차가울것 같아 두고간 외투를
돌아오는 장날 택배로 부칠까 합니다.

늦은 귀가

병원으로 떠나기 전날 밤
밖에서 잠시 사람 만나고
황급히 집에 돌아오니
그 사람이 "왜 전화기도
안 가지고 나갔었냐"며
크게 화를 냈습니다.

새 다리같이 가느다란
그에 발을 씻어 주다가
가엾고 측은한 마음에
그만 왈칵 복받쳤는데
아마 그 사람이 떠나려고
정 떼려는 줄 몰랐습니다.

악처惡妻

나는 착한 사람을 만나
엄청나게 재수가 좋은
놈이었나 보다.

50여 년을 하루같이
때가 되면 따뜻한 밥 차려주고
술병 나면 해장국 끓여주었다
무엇보다 그 사람한테
집어뜯기고 매 맞고 쫓겨났던
경우는 한 번도 없었다.

그렇지만
아내가 떠난 뒤 내 맘이
이처럼 눈물 뺄 거였다면
차라리
악처가 낫지 않았을까? 하고
곰곰이 생각해봤다.

안식의 시간

그 사람은
가을걷이가 끝난 콩밭 너머
돔부꽃 피어나는 밭둑을
외로이 걷고 있을 것입니다.

가진 것이라고는
낡은 손가방 하나 그 속에는
삼만 팔천원의 노잣돈과
서진기업 대표의 자기명함 한 장
그리고 약봉지들….
잡았던 손 슬며시 내려놓으며
"그동안 행복했었노라"는
짧은 말 한마디 남기고 간 사람

왕대나무 숲에 둘러싸인 느르미재 중턱
참새골에 조그만 뙈기밭 하나 일구고
뜰안에 피어난 백일홍이랑 봉숭아꽃에
매일아침 물 대주며
안식의시간 맞고있을 것입니다.

자학 自虐

이 뻔뻔하고 치사스러운 놈아
목구멍에 밥이 넘어가더냐?

50여 년을 같이한 사람을
불구덩이에 밀어 넣고
반나절도 못 넘기고
죽을것 같이 울부짖더니
돌아앉아 밥 처먹은 놈

이제는
하루라도 더 살고 싶은지
병원 찾아가 영양주사 맞고
그저께는 희희낙락 영양탕 사 먹고
지난주에는 한의원에서 보약 지어다
쌓아놓고 아침마다 들이키지 않느냐??

천하에 나쁜 놈 같으니라고….

혼자 서 있었다

내가 그토록 사랑하던
사람은 떠나가고 없다.
손이 되어주고
눈이 되어주던 그 사람은
이 세상에 없다.

새벽녘 잠에서 깨어보니
방문 밖에서 달그락거리는
소리에 화들짝 일어나
여기저기 찾아봤지만
내 편은 찾을수가 없었다.

어느 날
뒤를 돌아보니 눈보라가 사납게
휘몰아치는 황량한 벌판에
노물老物이 되어 혼자 서 있었다.

빨간 꽃장화

근래에 들어서는
비가 자주 내린다.

내가 벼르고 별러 사다 준
빨간 꽃장화
마루 시렁 위에서
여름내 물러 터졌겠네…

안 아플 땐
비가 안 와서 신어보지 못하고
비가 내릴 땐 몸이 너무 아파서
또 못 신었나 보다

이제는 주인도 잃고
혼자 말없이 쭈그리고 섰는
장화가 외로워 보인다.

중매 잘하면

어느 날
막내며느리 될 사람이라며 데리고 와
큰절을 올리는데도 절은 받는 둥 마는 둥
내게 눈총만주고 못 마땅해 하시던 어머니
사나흘 어머니 곁에 있어 줄 거라 귀띔하고
나는 서산 군부대로 귀대했다.

한주 週가 지나 어머니한테 전화가 왔다.

늙은이 온몸 살뜰히도 주물러 주더라
시원한 물수건으로는 아픈머리 식혀가면서
틈틈이 속것 빨래까지 챙기고
밤 늦도록 자상한 말동무로 깔깔거리는가 하면
허구헌날 목욕시켜 줬다고 자랑하면서
하늘을 날아 오를것 같이 기뻐하시며…

"네가 착한여식女息을 잘 찾은것같다"고 스스로
중신을 잘한것이니 양복한벌 맞춰 주겠단다.

젊은 날의 그늘

낡은 싸리나무 문을 열어 젖인 채로
앞마당엔 잡초가 키를 넘어서고
헛간 벽에는 녹슨 낫자루와 호미
괭이 쇠스랑이가 두런거리고 있었다.

담장 곁 찔레꽃 덩쿨 속에선
참새들이 웅성거리고
아이들이 문고리마다 걸어뒀던
감꽃 목걸이는 말라 비틀어졌겠네

토방土房에 양지쪽 자리때기 깔고
텃밭에서 솎아온 상추 쑥갓 풋고추
얼기설기 막된 장 한 움큼 싸서
입이 터져라 우겨넣었을 것이다

이젠 주인없는 젊은날에 그늘.

아내의 외출

막내딸 피아노 경시 대횟날
봐줄 사람도 없을텐데
아내가 물색고운 옷이라도 찾는 것인지
땡땡가라 블라우스를 입었다 벗었다가
거울 앞에 이리 대보고 저리 대보고….

머리에 구르프를 주렁주렁 매단채로
동동구루무와 립스틱은 언제 바를지?
성급한 마음은 봄도 앞서갈 듯하지만
채비는 아직 반도 못한게 틀림없다.

나는 아내의 뾰족구두에 약을 듬뿍 발라
박박 솔질해놓고 밖으로 나와
담배 연기만 푹푹 내뿜다 말고
차에 시동을 걸고 빵 빵——하고
크게 소리를 질러댔다.

배웅의 시간

기승을 부리던 무더위가 수그러들 것
같던 8월의 마지막 날
드나드는 사람도 뜸해 보이는
동백역 대합실에 나이 70도 넘어 보이는
노부부가 벤치에 기대앉아 고개를 떨구고 있더니
몸이 몹시 불편해 보이는 할머니가 초조히
전철이 들어오는 쪽을 바라본다.

할아버지, "지금 안 가면 안 되나요?"
라며 아내에게 다시 묻는다.
할머니, "조금만 서둘러 오라는 기별이
왔으니 가봐야 할 것 같아요"
두 사람은 한잠동안 또 말이 없었다.

전철이 들어오는 소리가 가까워지고
할머니가 자리에서 일어나 출입문 쪽으로
다가 서는데 할아버지는 안타까운 듯이
할머니만 빤히 바라본다.

할머니가 할아버지의 손을 잡으며
명주 올같이 가느다랗게 말을 한다.

할머니, "여보! 먼저 가게돼서 미안해요.
부디 끼니 거르지 말고 아프지않게
있다가 천천히 뒤따라 오시구려"
할아버지, "50여 년 동안 당신 고마웠고
많이 사랑했소"
할머니가 잡았던 손을 놓으며 차에 오른 뒤 전철은
떠나가고 할아버지는 아내가 탄 차가 사라질 때까지
우두커니 그쪽만을 바라보며 서 있다.

그리움

한낮에
꾸벅꾸벅 졸다 말고
눈을 떠보니 TV만 혼자서
떠들고 있다.

창밖을 내다보니
안양천은 말없이 흘러가고
백로 두 마리가 다정하다

당신은
이 세상에 없어도
버릇이 돼버린 기다림은
어디까지 일까?

내 그리운 사람아--
당신을 그리워하는 만큼
슬픔만 커가는 오후.

슬픔은 남은 이의 몫이란다

나는 말하고 싶다
누굴 그리워 한다는 것은
그래도 행복한 번뇌이며
이별 뒤에 찾아오는 슬픔은
모두가 남은이에 몫이라고…

당신은 멀리에 있고
내가 다가설 수 있는길은 없다
우리 아내는
어디쯤에서 날 기다리고 있나?

기다림의 미학

어항 속에 노니는 것들만을
우두커니 바라보다
하루해 설핏하니
현관쪽으로 눈이 자주갑니다.

몸조리 한다며 막내딸네 간 사람
하룻밤 더 자고 오려는건지
아니면 전화기가 고장나서
기별을 못 하는건지 안 하는건지…

하룻밤 더자고 오는 건
내가 하루 더 기다리면 됩니다.

수필隨筆

세 여자 중에서 내가 선택한 사람

산다는 것이 사랑하는 이를 떠나
보내는 연습을 하는 것인가 보다
아니, 소중한 것을 버리는 훈련을
하는 것인지도 모르겠다.
마지막 끈을 들켜 쥐고도 크나큰
사랑의 힘을 가르쳐준 그 사람한테
나는 슬픔과 외로움을 배웠다.

지금 그 사람과 같이 초록리(서산시 고북면)로 향해가는 차 안은 말없이 조용하였지만 50여 년을 함께하고 있는 날들을 뒤돌아보는 내 가슴속으로 아쉬움과 회한悔恨이 넘쳐나 아픔으로 저며 드는데 금방까지만 해도 말똥말똥 눈을 뜨고 조수석에 기대앉았던 그가 피곤한 듯 눈을 감으며 운전석 쪽으로 머리가 기울어지더니 어느새 정수리가 희끗희끗하고 눈가에는 잔주름도 많이 늘어난 모습이 내 눈에 들어왔다.

1971년 여름,
서산 대산에서 군 복무 중에 공적인 업무로 홍성역(TMO)에 출장 나와 업무를 마치고 저물녘에 대산 군부대로의 귀대를 위해 버스를 탔다.

마침 버스 안이 텅 비어 있었지만 맨 뒷자리에 아가씨들 셋이서 수다 떨고 있는 그 가운데로 넉살 좋게 끼어앉았다. 모두 그런 건 아니겠지만 제복을 입으면 앞뒤 가리지 못하고 수줍음 따위도 없이 반쯤은 망나니가 된다고 하지 않았던가? 그러고는 내가 주축이 되어 이것저것 말참견해 대면서 심심찮게 서산에 도착하였는데 셋 중에 한 아가씨가 고개를 돌려 내 명찰을 들여다보며 유심히 살핀다.

"군 생활에 수고가 많으시다"며 의례적이고 간결한 인사말을 건네고 별 뜻 없이 헤어졌다.

달포쯤 지나서일까, 부대 정문에서 홍병장을 찾는 전화가 왔다는데 누군가가 면회 와서 기다리고 있으니 서둘러 정문으로 내려오라는 전갈이었다. 불이 나게 가보니 정문 뒤편에 언젠가 봄직한 밝은 표정에 어느 아가씨, 바로 홍성 - 서산 간 버스 안에서 잠시 대화를 나눴던 그 사람이 환하게 웃으며 내게로 다가온다.

퐈리에 덜푸덕 앉아 나물 좀 사시란다.

그 뒤 외출 나가면 가끔 밥도 같이 먹고 영화관에도 대여섯 차례 갔어도 깊이 마음에 두기 시작한 것은 어느 여름 날 서산 동문 시장 통을 함께 지나다 푸성귀를 팔고 앉았던 어르신, 어릴 적에 자기를 많이 귀여워 해 주셨던 이웃동네 할머니라며 따뜻한 칼국수라도 한 그릇 대접해야 한다며 식당 안으로 모셔드리고 나온 후에 양회포대 종이 위에 산나물이랑 풋고추 마늘등 몇 무더기 펼쳐놓은 난전亂廛앞 할머니가 앉았던 퐈리에 털퍼덕 앉더니만 지나가는 사람들을 올려다 크게 웃어 보이며 넉살좋게 아주머니 나물 좀 사세유! 고추두유 하고 티 없고 소박하게 웃던 그 모습을 보고난 뒤부터라 할 수 있을 것 같다.

그렇지 않아도 제대가 임박해 오면서 마땅한 혼처가 났으니 맞선한번 보라는 어머니의 성화가 계속되었지만 그 때마다 적당히 얼버무려오던 상황에 하루는 주말에 외출 나가 당진 집에 어머니가 홀로 몸저 누워 크게 신음

하고 계신 걸 뵙고 난 뒤 나름대로 서둘러 결심하게 된 것이다.

 1971년 10월 초
 긴히 할 말이 있으니 당진 읍내로 급히 와줬으면 좋겠다며 편지를 보내고 나서 서둘러 달려온 그 사람한테 조차 자세한 내막을 얼버무린 채 무작정 집으로 데리고 들어왔다.
 깜짝 놀라 하시며 처음엔 아픈 사람한테 무슨 절이냐?시며 인사는 받는 둥 마는 둥 나만 올려다보시며 크게 눈총만 주시던 어머니를 잘 부탁 한다는 말 몇 마디 남긴 채 나는 시간에 쫓겨 부랴부랴 부대로 복귀하였다.
 그 뒤 그 사람은 어머니 곁에 붙어 앉아 물수건으로 머리를 식혀 드리면서 삼시세끼 조석 챙겨드리고 허구한 날 목욕에다 속 것까지 깨끗이 손으로 빨아 지켜 서서 손수 갈아 입혀 드리는가 하면 아파서 어려워하시는 몸 이곳저곳을 주무르며 살갑게 말동무하다 꾸벅꾸벅 졸기도 하드란다.
 나흘째 되던 날 아침 어머니는 그 사람의 두 손을 꼭 붙잡고 우리 집안 살림살이가 남달리 넉넉지도 못하고 막내 또한 군 생활이 반년도 채 남지 않아 제 딴에는 공무원 시험 준비에 신경을 쓰고 있으니 원만히 되지 않겠느냐? 며 "우리 막내며느리가 되어 잘 내조하면서 집안을 이끌어 달라"시고 "어르신들을 하루빨리 만나 뵙고 혼사婚事를 논의 드리고 싶다"는 뜻을 이미 내비쳤음을 나중에서야 아내 될 사람으로 부터 전해 들을 수 있었다.

막내며느리 없는 곳에선 불안 하신단다.

결혼해서 어머니를 모시고 함께 살던 6년여 동안 큰 맘 먹고 하룻밤 꼭 자고 오마고 큰 며느리 집에 가셨다가도 "막내며느리 없는 곳에서는 불안해 잠이 오지 않는다."며 밤늦게라도 기어이 집에 돌아와 대문을 두드리는 것쯤이야 예삿일이 되었고, 심지어 신혼이 무색하게 매일같이 어머니 방에서 함께 잠자고 밖에 외출할 때도 어머니의 몸을 부축해 드리는 정겨운 며느리였으니 항상 꼿꼿하시던 시어미가 시집살이에 조금만치도 꼬투리가 될 만한 흠조차 찾기 어려웠다는 어머니에 말씀을 여러 차례 들었다.

무엇보다 어머니는 친딸처럼 다가서는 막내며느리의 예쁜 마음일지라도 평소 긴장을 풀어주기 위해 그렇게 말씀하시지 않았나 싶기도 한데…
"막내 며늘아가야! 이 시어미 시집와서도 아무것도 못했거늘 처음부터 척척 잘하는 사람이 어디 있나?
각기 가문대로 이어오는 관습과 풍습이란 것이 있으니 부디 급하게 생각하지 말고 잠자코 따라오면 되는 것이지 내가 일일이 말할 수 없으니 서둘지 말고 시어미 하는 대로 이해하고 잘 배우 거라"이르고 차근차근 자상하게 가르쳐주셨으며 평소 당신께서 몸이 성치를 못해도 의도적으로 외출을 자주 나가셨나 보다.

"어머님 또 어디 가세요?"하고 물으면

"내가 집에 없어야 우리 며느리 낮잠이라도 마음 놓고 한숨 푹 자지?"

싱긋이 웃으며 밖으로 마실 나가 주시던 어머니를 아내는 친정 엄마같이 잘 따르고 무척이나 다정 다감 했다.

박봉이라 일렀지관 중앙공무원에 임용되었다. 이듬해 1972년 5월 군 제대 3개월여를 남겨두고 그렇게 학수고대하던 중앙공무원 임용시험에 최종 합격하였다는 총무처로부터의 통지서를 당진 집에 어머니가 직접 받고 이를 시외전화로 대산 공군부대에 알림으로써 3일 간의 특별휴가와 더불어 부대장으로부터 직접적인 축하와 격려 전화까지 받기도 했다.

첫 근무지로 서울 용산구 후암동 인근 국방부 산하 중앙 병무청 기획관리실로 10월 첫날부터 출근하라는 알림장뿐 아니라 공무원 출퇴근버스를 이용해도 좋다는 서울 시내 통근버스 승차 패스까지 동봉해 있다고 하셨다.

말이야 당시 사람들 간에 공무원을 두고 철밥통(평생직장)이라고 하지만 그때만 하더라도 공무원의 처우가 형편없이 사회적으로 크게 환영받지 못하고 대기업에 치중되던 시절 그래도 어머니는 3년여 동안에 군 생활을 하면서 까지도 공무원 시험 준비에 한시도 게을리 하지 않고 남달리 노력한 보람이 아니냐며 무척이나 기뻐하시고 떡을 세말이나 넉넉히 해서 사람을 고용하면서까지 탑굴동네 이웃들에게 고루고루 나눠주고 막내아들 잘 둬서 좋겠다는 칭송 인사 받기에 바쁘셨다며 흐뭇해 하셨단다.

그토록 박한 봉급으로도 와병臥病중이시던 시어머니의 병원비에 약값까지 빠듯하다 못해 빚 더미에 내 앉는 꼴로 변해 갈 것이 불 보듯 뻔한 일이였지만, 홍탁洪卓은 이미 중학교 시절부터 같은 반 친구들과 이웃 어르신들이 이르던 말인 즉, 너는 나중에 면서기面書記는 꼭 할 거라는 칭송 아닌 악담(?)이 씨가 되었든 말든 내 소원을 이룬 것이라나?

평소 이웃에 사는 동안 이따금 떼걱거리던 당진탑동에 산 너머 권 서방네 큰딸(향숙,가명)에 그 어미가 난데없이 어디서 소문을 들었는지 어머니한테 사돈삽자고 청혼이 정식으로 들어왔다고 해도 내가 들은 척도 않고 넘겨 버렸는데 어머니는 한 술 더 떠서 '평소에 잘 하들 않고 주제 파악도 제대로 못 한다'며 한바탕 깔깔대며 크게 웃어 버렸단다.

두 달이 멀다하고 찾아오는 기제일忌祭日을 그 사람은 두말없이 언제나 몸과 마음을 정갈히 하여 기왓장을 빻아서 지푸라기로 유기그릇을 박박 문질러 광을 냈고 제수물품도 고루 구색을 갖춰 멀리 시골에서 올라오시는 작은아버지와 당내간 아저씨들을 대접해 왔으나 어머니의 병환은 날이 갈수록 깊어져 모든 게 어머니 위주로 흘러가면서 앞서가던 저금통장 잔고가 씨가 말라 갔었지만 아내는 불편한 내색 한마디 없이 무척이나 너그럽고 당당하기만 했었다.

　서울에서의 전세방 생활 7년 여 만에 마련한 조그만 5층짜리 새 아파트로 이사하던 4월 어느 날, 비가 억수같이 쏟아지면서 살림살이를 들여 놓기도 전에 천정 여기저기 빗물이 새어나 함지박이랑 세숫대야까지 방안가득한데도 부자 되자고 한쪽 아랫목에서 거꾸로 누워 자던 그날 밤 우리 집은 제일 위층이라서 옥상 방수만 잘하면 해결되는 일이라며 오히려 나를 위로해주던 도량이 넓고 이해심 많던 그 사람의 얼굴을 내려다보니 그저 고맙고 가여운 생각이 들기도 했다.

　빚지는 걸 금기시했던 것이 문제였다. 그동안 살아오면서 그 사람의 진심어린 권유를 반만이라도 들어줬으면 지금에 와서 자식들한테 이렇게 미안하지만은 않았을 것이 당연한 일이 아니려가... 산비탈이면 어떻고 손수건만한 떼기밭이라도 두어 채 있었더라면...

 좋은 기회는 여러 번 놓쳤고 눈앞에 보이는 실익마저 챙기지 못한 나의 쓸모없는 고집 은행이건 사채든 남의 돈 쓰는 것을 무척이나 싫어했던 내가 항상 바른길이 아니라며 단호했는데 그 사람은 평소 내 의지를 끝내 꺾으려 들지 않았으며, 특히, 남을 험담하거나 어떠한 모임에서도 술 한 모금 입에 대지 않던 바보 같은 여자였지만 뒤늦게 내게서 배운 낚시는 거의 수준급이라 할 수 있어 그런지 하다못해 TV 낚시 프로마저도 거의 독차지하는 실정이 되었고 가끔 침대에 누워 눈을 감으면 천정에서 낚시찌가 위로 솟구치는 형상이 반복된다면서 주말은 아직 멀었는데 낚시 갈 궁리만하고 채비를 챙기던 그런 사람이었다. 어느 해는 아산만 수로에서 낚시하던 중에 갑자기 거센 비바람이 몰아치면서 텐트가 뒤집혀 휩쓸려가고 낚시대가 떠내려가는 것을 보고도 차 안에 달려 들어와 서로의 주제꼴을 마주보며 허허로이 깔깔대다 안타까워하던 일이며 나 혼자서 살며시 차에 들어가 눈 붙이고 새벽녘 물안개 피어오르는 호숫가 갈대밭 사이로 살금살금 다가가 미동도 없이 낚시찌만을 응시하던 그 사람한테 따끈한 커피 한잔

 건네면 어린아이 같이 천진하게 웃어주던 넉넉하고 마음씨 고운 여자이기도 했는데 하루는 제주도 섬 낚시 여행 중에 대어를 낚았다고 덤벙대다 그만 발목을 크게 접질려 목발에 의지한 채 서너 달 큰 고생을 하기도 하였

다.

 나는 좋은 동반자를 만나 그간 멋진 여생을 보냈다. 그렇지만 내가 용열했던지 젊어서부터 친구들과 어울려 외상술값 걸려놓지를 못했고 나뿐 친구들 꼬임에 빠져 노름 한 적 없이 오직 맹꽁이같이 가정만을 지키려 했지만 융통성은 크게 부족한 사람이랄까?

 한때 어린 자식들 앞에 하찮은 일에도 자기주장만으로 이기려 했던 내가 민망스럽고 미안함을 크게 느끼며 살고 있다. 특히, 평소 출중하지 못한 건강문제로 가끔 조용하던 집안 분위기 뒤집어 놓고도 가슴 설레며 오랫동안 준비해 오던 해외여행 계획 중에 출발 당일아침 모든 계획을 전면 취소하고 며칠 동안 바리바리 싸놨던 여행가방을 풀어야 했던 일들을 생각하면 마음이 황망스러워 지나간 날들이 사뭇 안타깝고 그 사람한테 오직 미안할 따름이다.

 그리고 무엇보다도 우리들에 결혼기념일이나 아내 생일 날에 선물한번 제대로 못 해준 것도 마음에 걸리고 무엇보다 그동안 마음에 빚(우리 둘이 여행 다니면서 내기하며진 빚)마저 차일피일 미뤄온 젊은 날에 대한 회한悔恨으로 자라 몰려오는 듯 하여 옆 자리에 곤히 잠들어있는 내 사람한테 못내 미안하기만 했다.

 그는 생활력이 강하고 특히 자신에겐 한없이 엄격했다. 1983년경 어려운 가계를 맞춰 볼 요량으로 시작한 가내 공업형태의 기념품 제조업을 시작한 뒤, 비교적 짧은 기간에 종업원 수 열댓 명으로 발전해 갈 무렵 1997년 국가적 외환위기(IMF)를 맞아 소액 이었지만 여러 건이 싸잡아 부도 처리되는 바람에 큰 손해를 감수해야 했고 원자재 값마저 고스란히 빚으로 떠안으면서 하던 일을 계속 하느냐 마느냐하는 갈림길에 외로운 고뇌의 시간을 잘 견뎌낸 강한 모습도 내가 지켜봤으며, 특히, 막내딸을 시집보내려던 전날 밤 베갯잇 적시며 잠 못 이루고 뒤척이던 엄마라는 여린 마음도 나는 가슴 아프게 기억하고 있다.

무엇보다 엄격하시었던 우리 아버지 밑에서 봐왔던 가부장家父長적 형태를 답습하려했던 나의 좁은 소견으로 기합만주면 똑바로 성장할거라는 오만함에 단체로 벌세우고 있으면 속상한 마음을 주체할 수 없었던지 회초리를 빼앗아 들고 덩달아 같이 때려 놓고 함께 눈물 짓던 어미의 마음을 나 또한 모르는 바는 아니었다.

부부는 3개월을 사랑하고 3년을...

예로부터 부부는 3개월을 사랑하고 3년을 싸우고 30년을 참고 견뎌야 한다고 하지 않았는가?

사돈집은 멀수록 좋고 친정은 국그릇이 식지 않을 거리에 살아야 좋다고도 했다. 남의 자식들처럼 넉넉히 뒷 바라지 해주지 못한 어미가 품속에서 마지막 막내딸까지 떠나야 하는 안타까운 마음이 천 갈래 만 갈래 찢어지는 기나긴 밤 이였는지도 모른다.

  아주 일회성 이긴 하나 어느 땐가 나 몰래 삶은 옥수수 뜨거운 광주리를 머리에 이고 종종걸음으로 집마다 찾아다니며 장사를 하여 남편이 평소 노래 부르던 새 자전거를 사줬는데 관리를 소홀히 하여 부질없이 1주일도 안 되서 잃어버리고 밤마다 종이 봉투접어 골목 구멍가게에서 아이들 주전부리 과자 값과 바꿔줘야 했다나?

  남산만치나 배부른 아내가 큰딸 앞세워 걸리고 둘째딸을 등에 업고 왕십리 산동네로 전세방 구하러 가던 비탈길 주인집 아이보다 옷을 잘 입혀도 안 되고 싸움질을 잘해도 공부를 잘해도 꺼리던 그런 전세방 구하는데 신경써야 했던 그 시절 방세는 오르고 지루한 여름날 이였어도 아이들은 무럭무럭 잘 자라줬고 7년여 동안의 지루한 전세방 생활도 끝이 아득이 보이기 시작하였다.

세탁기 사달라고 노래 불렀는데…

  그 해 마지막 전세방으로 이사하던 날 외지에서 쫓겨 온 사람들처럼 안 맞는 장롱을 어쩔 수 없이 톱질하여 뒷방에 쑤셔 넣어야 했다.

친정어머니가 살뜰히 장만해준 신혼 혼수품으로 아끼는 살림살이인데 그 윗부분을 톱으로 잘라냈으니… 아내 마음이 많이 속상하였겠지만 내색도 못하고 그 당시 유행하기 시작하던 세탁기 사달라고 내게 짐짓 옆구리를 쿡쿡 찌르며 졸라댔어도 그때마다 모르는 체 그냥 넘어가버린 내가 얼마나 미웠을까?

바삐 서두는 출근길에 넥타이 매만져 주고 옷깃 여미여 주며 차머리에까지 배웅 나와 주던 그 사람은 운전 조심히 하고 얼른 다녀오라고 했다.
누굴 탓하랴,?
몸이 작아 하늘이 높고 산이 낮아 여울이 느린 시냇물이거늘…

서진기업瑞津企業 대표로 있던 어느 날.
상품 납품을 재촉하던 SS백화점에 비위를 맞추기 위해 특별이 신경 쓰이는데 그날따라 직원(재단사)이 결근했단다. 지난밤에 술을 얼마나 퍼마셨는지 몰라도 인사불성으로 방구석에 뻗어 버렸다. 일반 전화도 안 받고 삐삐로도 기별이 통하지 않는단다. 납기에 차질이 생기면 안 되는데…

이래저래 아내가 속이 많이 상했던지 곁에서 칭얼대던 어린것에 볼기짝을 크게 때렸나 보다.

한참을 서럽게 울다 울다가 제품에 아무렇게나 쓰러져 잠이 들면 서둘러 빈 박스에 갈아 뉘던 어린것들... 그때마다 그 사람은 누가 볼세라 돌아앉아 눈시울만 붉히고 그걸 곁에서 지켜보던 나는 남편 잘못만나 아내를 고생 시키는 것 같이 마음 또한 크게 편치 못했었다.

짜장면 내기 발야구 시합에서 이겼다.

그 당시에는 조그만 구멍가게라 해도 종사자의 인건비를 나눠먹는 일이 일반화 되었기에 특히 종업원의 비위를 잘 맞춰 줘야했던 시기였다.

여름 휴가철에는 휴가비도 챙겨줘야 했고 큰 일감이 순조롭게 끝났을 때마다 특별 회식도 시켜주고 별도의 수당도 챙겨주었는데도 툭하면 소식 없이 결근이나 일삼던 사람들...
비위를 맞춰주기 위해 아내는 종업원들과 짜장면 내기 발야구 시합을 제안 했지만 그날따라 아내가 속한 팀이 경기를 일방적으로 이겼는데도 자청해 저녁밥값 몽땅 뒤집어쓰고 마냥 즐거워하던 그 모습이 눈에 밟힐 듯이 아련하다.
철따라 온양온천으로 홍천강으로 수덕사로 버스를 대절해 야유회 등 큰 조직에서나 있음직한 구색 이란 걸 모두 갖춰 주기도 했지, 아마,

작황이 좋다고 소문난 낚시터를 찾아 물어물어 그 사람과 경기도 포천에 갔던 날이다. 내가 그날은 낚시에 재미를 영 못 느끼다. 자리를 옮겨도 소용없고 미끼를 바꿔도 아무런 반응이 없었다. 그 사람은 벌써 월척越尺을 두 수나 했는데... 그렇게 낚시라면 모든 일 제처 놓고 신경 쓰던 그 사람이 하루는 시외버스를 타고 월곳까지 나 모르게 살며시 혼자서 낚시를 갔었던 모양인데 처음부터 내 간섭이 그렇게 싫었었나?

낚시대를 포함해 모든 장비도 안 가지고가서 현지서 서둘러 구입한 모양 이었지만 그에겐 그 날이 최악의 공치는 날이었던 것 같다. 얼마나 낚시가 안 되어서 그랬는지 아니면 크게 속상한 일이 있었던 건 아닌지?

당일 현지에서 새로 구입한 낚싯대건 바구니건 간에 장비 일체를 모두 다 바닷물 속에 쑤셔 쳐 박아 놓고 "앞으로는 절대로 낚시를 그만 하겠다" 굳게 선언하고 집으로 왔다는데...

  당신이 벗어놓고 간 하얀 고무신
  기다리고 있을 것만 같은 사람
  낮달로 온 당신 찔레꽃처럼
  새하얀 원피스 입고
  단발머리 출렁여며
  가르맛길 논두렁을
  달려오던 초록리

소녀야...

세 여자 중에서 내가 선택한 사람

차창 밖으로 부슬부슬 내리는 비가 유리창을 타고 천천히 흘러내려 결국엔 강에 모였다 바다로 흘러가겠네...

넓은 바다에 이르기 전에는 해당화 피고 지는 작은 섬들이 옹기종기 모여살고 어느 때는 사나운 비바람과 거센 파도가 밀려왔다 갈 것이고 새까만 밤이 되면 섬들이 오순도순 서로를 위로하다 새하얗게 밝아오는 새 아침을 맞을 것이다.

조개껍데기 안에 고이는 한줌 노을같이 고운 심성으로 항상 외유내강外柔內剛을 견지하여 묵묵히 자기희생으로 넉넉지 못한 가세를 일으키고 못난 남편 곁에 동행 해준 "세 여자 중에 내가 선택한 사람" 한없이 맑은 가슴으로 바다를 닮아 넓은 마음을 가진 내 사랑 즉 좋은 내자內子가 나의 반백년을 그렇게 지켜줬다.

내가 태어난 것이 우연인가 전설이었나?

만호리 앞바다 소리개(솔개) 바위로
굴따러 가던 날
우리 어머니와 같이 누나가 배에 오르다가
널빤지를 잘못 밟는 바람에 물속으로
처박혔다 다행히 구조는 되었지만
모녀는 그 배에 승선乘船이
허락 되지 않는다.
그러나 그 배가 출발하고 두어 시간 뒤에
갑자기 폭풍우가 쏟아지면서…

여기 소리개(솔개) 바위에 대한 전설 중에서 내 뜻과는 무관하게 간접적으로라도 조연자助演者 역할을 하게 될 내가 1945년 8월 태어나기 두 달 앞선 6월에 철부지 누나가 저지른 실수가 아니었다면 절대로 태어나지 못했을 지언정 하늘이 도운 게 아니고서는 어디에서도 그 유래를 찾아볼 수 없는 신비로운 사실이 아닐까 하는 의문이 앞선다 하지 않을 수 없다.

바꿔 말해 철모르던 한 여자아이가 저지른 잘못(?)으로 인해 특별히 선택된 한 생명으로 세상에 태어나 80여 평생을 살아올 수 있었기에 이전以前 유년의 시절을 잠시 뒤 돌아보고자 하는 것이다.

아버지가 일본 보국대保國隊에 끌려가다.

홍탁의 아버지(仁자 俊자)께서는 일제치하에서 보국대로 끌려가 탄광과 도로 건설현장 등 거친 노동에 시달리고 인간 이하의 취급을 받으면서 일찍이 탈출 의지의 끈을 놓지 않고 기회만을 엿보던 중 오직 머릿속을 스치는 것은 일경日警의 환심부터 얻어야 한다는데 심증을 굳히기에 이르렀지만 서두르지 않고 점진적으로 내게 특별히 못되게 굴던 악질분자를 지목해 역으로 그 앞에 갖은 아양을 떨면서도 가끔 배를 움켜쥐고 너무 많이 아프다는 꾀병의 강도를 높여 노골적으로 표출하기에 이른다. 며칠 후 물조차도 넘기기 어렵다는 엄살(?)뒤에 그가 보는 앞에서 끼니를 쌩으로 거르기를 서너 차례... 곁에서 이를 지켜보고 있던 동료 노동자들마저 이대로는 안 되겠다는 동정어린 일갈一喝에 그만 악질 일경의 마음이 움직였던지 이의 용인하에 응급처치 명목으로 공사 현장에서 일시 이탈 하는 데까지 성공을 거둔다.

 그 다음 미리 지목해 뒀던 민간의원(한국인 돌팔이의원) 집에 가사 돌봄이를 자청해 무보수로 들어가 희희낙락 보약을 다려먹으며 주변 민심의 흐름과 건설현장의 여론 상황을 주시하고 연구를 거듭한 끝에 일반 어선을 가장한 입국선入國船사에 적잖은 금품을 찔러 박고 3개월여 만에 가까스로 몸을 숨겨 4년여 간의 일제의 그늘에서 벗어나는 그야말로 집념과 끈기 그리고 야심으로 조합된 입지전적立志傳的 인물이라는 지인들의 칭송과 부러움을 한 몸에 앉고 비밀리에 국내에 숨어들었다

 그 후에는 충청남도 홍성읍내 북문 밖 덕산 쪽으로 후미진 산속에 은둔하며 불모지 땅에서 비교적 잘 자라는 호박을 심어 식량으로 끼니를 이의면서 한글을 틈틈이 깨우친 이후 어느 날 길에서 습득한 천자문을 주경야독晝耕夜讀으로 익혀갔으나 이른바 신교육의 문턱에는 끝내 넘어보지 못하고 늙어 간다고 아쉬워하셨다.

 그 사이에 예산군 덕산면 참나무 쟁이에 살던 열 살 아

래인 어머니(당시 23세)를 만나 서른셋에 늦게 결혼하고 10여 년을 땅 일구며 소리 없이 살다가 뜨내기 박물장사에 눈을 뜨면서부터 거래처 관계로 경기도 평택군 포승면 만호리가 인연이 되어 이사해서는 뒤따라오신 할아버지와 이웃해 평화로이 살던 1945년 6월 던 어느 날이었다.

목선을 타고 소리개 바위로 간 사람들

뱃사람들이 난데없이 소리개(솔개)바위로 굴 따러가는 행사에 참여할 사람들을 급히 모집하러 다녔다. 오래도록 사람의 손이 닿지 않아 굴이 손바닥만치나 크고 앉은 그 자리에서 한 구럭씩 쓸어 담아 올수 있다면서 이곳 만호리 뿐만 아니라, 이웃 조모리 마을에까지 스물세 명의 부녀자들로 원 팀이 급히 꾸려진 상태였다.

이튼 날
만호리 작은 마을에 굴 따러 나선 아녀자들과 이들을 배웅 나온 가족들로 조용하던 갯마을이 떠들썩하였고 일행 중에는 아직 곱디고운 홍탁의 어머니(당시 나이42세)와 그 엄마의 치맛자락을 붙잡고 따라 나섰던 큰 딸(9세) 등 모녀가 있었는데, 어머니는 얼마 안 있어 산產달을 앞 둔 무거운 몸 이였던 터라 동네 사람들과 뱃사람들로부터 이목이 쏠리고 주위에 시선을 많이 받았던 것이 사실이었다.

 그렇지만,
 어머니 앞에서 출랑대기는 했어도 곧잘 앞서가던 딸이 배에 오르다가 뱃전에 걸쳐놓은 널빤지를 잘못 밟는 바람에 그만 좁은 배 밑창에 바닷물 속으로 처박혀 버린 것이 아니던가, 뱃사람들이 가까스로 건져 내놓기는 하였지만 물에 빠진 새옹지마 같이 놀란 가슴에 넋 나간 상태로 쪼그리고 앉아 떨고 있는데도 이는 아랑곳 하지 않고 물때를 거스를 수 없다며 시간에 쫓기던 그때 이상한 징조가 아니냐며 도저히 함께 갈수 없다는 뱃사람들의 냉혹하고도 적극적인 반대에 부딪혀 애석하게 그 딸과 어머니까지 끝내 승선이 허용되지 않았단다.

쌍무지게 떴던 까닭이 무얼까?

 모녀는 하는 수 없이 아쉬운 마음을 뒤로하고 터덜터덜 젖은 몸을 추스리며 집으로 가던 길, 난데없이 서쪽 마른 하늘에 쌍무지개가 이들 모녀를 반기듯이 밝게 빛났고, 때 이르게도 어머니 뱃속에서는 아기가 크게 발길질(태동)을 해댔다는데 이를 두고 어머니는 당시 대수롭지 않게 여겼었지만 뱃속에 있는 아기가 저를 밝은 세상으로 나갈 수 있게 해주려는 어머니한테 고마운 뜻을 미리부터 표출한 것이 아니었을까? 라는 말씀을 종종 하셨단다.

그런데 평온하고 해맑던 하늘에 갑작스럽게 번뜩이는 뇌성雷聲과 함께 폭풍을 동반한 장대비가 계속하여 몇 시간째 쏟아지는 괴이한 현상이 계속되고 있는 게 아닌가. 이미 바다로 떠난 사람들한테 기별이고 뭣이고 달리 손쓸 방법이 전혀 없었으니 바다 한 가운데에서 폭풍우를 만난 이들에 심정이 어땠을까?

그들이 타고 가서 바위에 매 놓은 나무배船는 바닷물이 불어 나기도전에 비바람에 내둘려 조각나서 물 위를 이리 저리 떠다니고 축구장 반만도 못 한 좁은 넓이에 흩어진 바위 덩어리라고나 할까? 그것도 하나로 된 바위 무리가 아니고 뻘밭에 듬성듬성 널려있는 작은 바위군에 갇힌 스물세 명(뱃사람 2명포함)을 구해줄 사람 없는 바다 한 가운데에서 허우적거리며 울부짖던 그들의 아우성이 지금도 들려오는 것만 같다.

차오르는 밀물에 쫓기다시피 그래도 사람 키보다 높아 보이는 바위가 몰려있는 곳으로 쫓아가 바위에 매달려 본들 바람과 성난 파도가 이들을 그냥 내버려 두었을 리는 없었겠지만 이때 누가 먼저라 할 것 없이 너도나도 뱃사람한테 달려들어 머리채를 붙잡고 물속에 내쳐본들 성난 이들에 화가 얼마나 풀렸느냐는 것이다.

굴 따개로 요절냈다고 억측 같은 말들이야 무성했지만 이를 본 사람도 없고 그저 하나에 추측이고 일부 흥분된 가족들이 울분을 참지 못해 쏟아낸 분풀이 이었겠지. 그도 그럴 것이 예닐곱 탈수 있는 작은 목선에 세배도 넘게 승선 한 것도 문제였겠지만 당시 이를 단속하고 지도하는 기관이 전혀 없는 상태에서 화禍가 예견된 사건이 아니었을까?

뻘 속으로 나지막한 바위들이 널브러져 있고 제일 높은 곳이라 해도 지면 위 7-8미터에다 밀물 때 10여 미터 물아래로 잠기고 썰물 때 두 서너 시간동안 검게 바위에 모습을 해수면위로 드러낸다고 하였다. 지금 같으면 비상 연락조치 등 여러 방면으로 연결돼 인명 피해를 크게 줄일 수 있었겠지만 그 시절 원시적 환경이 죄 없는 이웃들 스물세 명을 수장시키고도 시체조차 한 사람도 수습 못한 끔찍하고 안타까운 사건에 실체들이 입을 통해 전해져 내려오다 이제는 이마저 잊혀져 갔다고 할 수 있겠다.

결과만 보면 훌륭한 연출자가 아닌가?

어린 딸로 인해 어머니와 어머니 뱃속에 있던 또 다른 한 생명(동생)을 살리려고 그 누나가 뱃전에 놓인 판자때기를 잘못 밟고 물속에 처박히는 수모(?)가 없었던들 어떻게 이 같은 경이로운 일이 일어났을까? 하고 되짚어 말할 수 있겠지만 어찌 보면 연출자가 각색하여 만든 작품이 아닌데도 한편의 드라마나 소설처럼 사람들의 머릿속 깊이 새겨져 전해 내려올 수 있었을까? 그 사건이 일어나고 한참동안 동네 이집 저집에서는 곡哭소리가 끊이지 않았다는데 지금에 와서는 같은 날 한 동네에 제삿집도 이집 저집 이겠네…

지금도 같이 늙어 가는 남매지간으로 가끔 홍탁과 그 누나가 만나면 지난 사건을 뒤돌아보며 한 바탕 쓴웃음을 짓곤 한단다.

"내가 그 옛날 소리개(솔개) 바위로 가는 쪽배에 순순히 올라탔었던들 우리는 오늘날 이 세상사람이 못됐을 것" 이라면서…

이후, 그 소리개 바위는 한때 주한 미국공군의 기총사격 훈련장으로 총을 쏴대는 바람에 점차 사라져갔고 이같은 "소리개 바위의 슬픈 전설"을 아버지와 어머니로부터 여러 차례 들어온 소설 같은 그 이야기들을 홍탁이 지어내거나 조금만치도 살을 덧붙일만한 이유가 전혀 없었다는 점을 분명히 밝혀두고자 한다.

다만, 안타까운 것이 있다면 80여년 넘게 세월이 지나버린 사건들을 앞에 두고 당시의 생생한 기록들은 어디에 숨어 있는지, 안타까운 마음만이 앞설 따름이라 아니할 수 없겠다.

그렇게 소리개 바위의 사건이 터지던 그해 두 달이 지난 8월(음 6월)에 내가 태어나 4년이 지난 어느 날 갑자기 우리 집 논 못자리판에 돌이 던져진 사건이 발생하고 온 마을이 발칵 뒤집혔다고 했다.

못자리판에 돌 던진 자가 누구더냐?

아버지는 '우리 논 못자리판에 돌을 던진 자가 누구냐? 하면서도 깊이 생각해볼 가치도 없다며 서둘러 6년여 만에 다시 바다건너 당진군 석문면 삼화리로 이사하였는데 이듬해 할아버지께서 뒤따라 당진 고댓면으로 이사 하셨다고 하였다.

그 후에 얼마 안 있어 평택에 이웃해 살던 절친했던 친구가 자청해 찾아와 지난 일들을 속 시원하게 털어 놓았다는데...

당일 아무개가 궤침에 무언가를 사슴에 품고 논둑으로 들어와서는 주위를 두리번두리번 살피다 우리 논 못 자리판에 돌 던지는 모습을 논틀건너 산모랭이 뒤에서 똑똑히 두 눈으로 봤다는 말씀을 아버지께 전해 주셨다고 하였다.

사람은 본시 내리 사랑이란 것이 있지 않던가? 할아버지가 나이어린 막내 동생을 데리고 살며 할아버지한테 무엇이든 서운하게 행동을 했던 악감정이 쌓였던 건 아닐까? 하는 생각도 많이 해봤지만 평소에도 연세에 맞지 않게 망령된 말씀을 자주하셨고 특히, 자신도 모르게 남 잘되는 꼴을 못 보시는 심사이셨음을 동네 이웃들 간에 입을 통해 익히 이르던 터였으니 사건이 터지고 나서 곧바로 누구의 소행인지 심증이야 앞섰지만 부자간에 싸움을 크게 부추기는 상황이 염려되어 서로 쉬쉬하며 입 다 물고 있었다는 것이 당시 동네에 전반적인 여론이기도 하였는데 우리 아버지는 평소 부자지간에 금이 가지 나 않을까? 하여 여러 가지 언행을 자제하고 성심을 다해 살아왔다는 것을 어머니한테 여러 번 들어서 나는 잘 알고 있었다.

무엇보다 당진 땅으로 이사 오던 이듬해인 1950년 6.25가 터지고 나서 부랴부랴 군에 끌려간 작은아버지의 빈자리를 메꿔 드리기 위해 새경도 마다하며 하루세끼 밥이나 얻어먹게 하며 나이어린 우리 큰형을 3년 넘게 할아버지 댁에 농사일을 돌봐 드리며 집안일까지 세심히 챙겨드렸는가 하면 어느 해던가 갑자기 할아버지가 병환으로 몸져 누워 계실 적에는 용하다고 소문난 돌파리 의원을 수소문해 고상굴 산골짜기까지 찾아가 산약을 구해 달여 드리는 진지한 모습을 내가 아버지 따라 다니며 똑똑히 보고 듣고 자랐다.

다만, 그렇게 확증이 될 만한 증인이 나섰는데도 그런 말을 하는 사람을 향해 크게 역정을 내시고 듣기 거북한 말씀까지 서슴지 않으셨다고 했다.

착한 고양이한테 맡긴 생선가게

밥 한끼 같이 하자기에 들렸던 날
부엌부뚜막에 석유곤로 위에서는
된장뚝배기가 쪼글쪼글 거리고
방 아랫목에 담요로 덮어놓은 주발
뚜껑은 눈치 없이 달그락 대는데...
왠지 오늘따라 종임(여동생)이의
눈치가 영 예전 같지가 않았었다.

"야! 앞에 홍탁(洪卓, 이하 홍기연의 필명)이가 간다."

여고생들 서넛이 넓은 길을 다 차지하고 소곤대며 뒤따라 오고 있었다.

"오늘도 현주네로 가나 본데"

"설마 현주와 홍탁이 어쩌고저쩌고 하는 건 아니지?

하기야 현주 걔 요새 살판났다니까 그러네…"

당시 시작은 국어선생님이었던 홍순방 선생님께서 자기 아들에 가정교사직을 맡기게 한 이후 학교성적이 쑥쑥 올랐겠다. 좁은 땅 당진읍내에 삽시간에 소문이 나돌더니 너도나도 자기 아들을 맡아달라는 요청이 쇄도하여 당진군청 내무과장 아들과 당진경찰서 정보과장 막내 그리고 읍내 시장통에서 돈이 많기로 소문난 일성상회 큰아들까지 넷 이을 각 2시간 방문교습 하다가 시간에 쫓겨 같은 학년(4,5학년)끼리 크게 둘로 나눠 격일로 방문하는 형식으로 바꿨더니 시간이 반감 될 수 있어 시간적 여유를 갖게 되지 않았나 생각된다.

학생들과 아주머니들이 한 팀이라?

고등학교 3학년이 되면 대학진학과 취업준비 등 경황이 없을 것 같아 2학년 가을소풍을 수학여행으로 방향을 바꿔 특별히 버스를 대절하여 수덕사修德寺에 가기로 각 반에 선생님과 실장들이 의견을 규합해 결정했다.

여행당일 이른 아침 우리들을 싣고 갈 버스는 벌써 와서 시동도 끄지 않은 채 윙윙거리는데 학교 정문 앞 3거리 쪽에서 조그만 접촉사고가 발생했다는데 공교롭게도 내가 속해있는 7진회 소속회원 중 조성호(가명)가 전치 1주가량의 치료를 요한 타박상 정도로 자전거와 정면 충돌한 사고였지만 가해자 측에서 자기 과실이나 치료비 등 일체를 인정하려 들지 않는 상황에서 실랑이가 길어질 것 같으니 우선 일행 모두는 정시에 출발하고 뒤 수습은 2반 실장인 홍탁이 잘 마무리 짓고 뒤따라오라는 담임선생님의 지시에 따라 너도나도 7진회원 모두가 덩달아 뒤처지게 된 것이 더 큰 사건에 발단이 될 줄 을 그 누가 짐작이나 했겠는가?

 당진에서 시외버스를 타고 예산군 고덕에 도착해 알아보니 고덕에서 수덕사까지 운행하는 노선버스가 없다하여 하는 수 없이 택시를 물색해 봤지만 빈 택시마저 보이질 않았다.
 마침 젊은 아주머니들 여럿이서 자기들도 택시를 잡아야 한다면서 우리 일행도 일곱인데 예감이 이상하다며 원 팀을 조합하는데 마다할 마음이 없으니 모든 일정을 함께하자는 아주머니들에 전격적인 제안에 우리 팀 일곱 명 모두 무슨 영문인지도 모르면서 히히 낙낙 대환영이라며 박수를 쳤다.

잠시 우왕좌왕하다 궁리 끝에 우리 일행 중 한사람이 택시 정유장으로 달려가 택시 4대를 속전속결로 섭외하는데 성공하고 아주머니들과 혼합 분승하여 열 네 명이 털털대는 비포장도로를 손뼉치고 노래 부르며 수덕사에 도착한다.

잠시 후,

나는 모든 사고수습을 원만히 끝마쳤다고 보고 할 겸 선생님들이 함께 있는 본부객실로 찾아가려는데 회원 중 한 사람이 나를 극구 붙잡으며 가는 앞길을 한사코 막는 게 아닌가?

"지금 그 곳에 가면 절대로 그 저리에 빠져나오지 못한다"며 모두 한목소리로 말리는데 나도 이미 맘이야 콩밭에 가 있던 터라 에라 모르겠다싶어 그 자리에 주저앉고 말았다.

대낮부터 여관 뒷방에서 술판을 벌리다

그렇게 해서 새파란 젊은 아주머니들과 열넷이 일대일로 7커플(형식상)을 만들어 밥도 같이 먹고 산행도 서로 손잡아주며 재미있게 깔깔대며 하산下山한 다음 여관에 컴컴한 끝 방에서 벌건 대낮부터 술판이 벌어진 것이 아닌가? 그렇게 서너 시간 쯤 지나 밤 아홉시가 될 무렵 떠나갈 듯이 요란했던 여관 전체가 갑자기 쥐 죽은 듯이 조용해졌다가 잠시 방문이 화들짝 열리고 임동창 선생님께서 불그락 프르락 화가 잔득 난 얼굴로 나를 노려본다.
 그리고는 "너 홍탁! 실장이 그럴 수 있는가? 다른 사람이 그러자면 말려야할 사람이 주동자라... 학교 가서 보자"며 방문이 부서질 정도로 밀어붙이고 갔다.

 월요일 일찍 학교에 등교 하자마자 고등학교의 교무주임이면서 3반 담임이기도 한 임동창(가명) 총각 선생님 한테 내 딴에는 용서를 빌려고 조심스럽게 교무실 문을 열고 들어서는데...
 "야 홍탁실장! 너 오늘 잘 만났다"
 겉으론 엄해 보이려고 무던히 애쓰는 것 같았지만 웃음 띤 속마음을 미처 다 감출 수는 없었나 보다. 주변에 다른 반 선생님들을 의식한 채 조용히 귀엣말을 시작 한다.
 "이봐, 그럴 땐 쥐도 새도 모르게 자기한테 운자韻字를 띄워주면 어디 덧 난다더냐? 내 얼른 눈치 채지 않겠나"
 그리고는 넌지시 웃으며 말을 잇는다.
 "고등학교 학창시절엔 그만한 사고는 한번 쯤 쳐 볼만도 한게 아닐까?"
 그리고 다음엔 꼬옥 함께 불러줘 봐, 라며 내 등을 손바닥으로 소리 나게 두드리다 말고 한마디 더 한다. 그날 자기는 밤새도록 다른 선생님들과 재미없이 곤욕만 치었다며 술 한 모금도 못 마셨다나? 잠시 후, 당일 술값이 궁금했던지 느그들이 다 냈냐? 며 새삼스럽게 묻길래

술값과 택시비 그리고 기념품대까지 모든 걸 아줌씨 들이 몽땅 다 치렀고 나중에 대전에 오는 일 있으면 또 만나 자는 약속까지 했노라며 약 오르게 말하고는 도망치듯 서둘러 자리에서 일어났다.

착한 고양이한테 생선가게를 맡기다

오늘도 나는 학교공부를 마치고 아이들 순회과외를 위해 읍내 첫 번째인 현상이네로 들어갔는데. 때마침 집에 있던 당진경찰서 정보과 신동균(가명)과장이 자기 방에서 나를 조용히 보잔다.
"홍 선생! 서울에 형님이 사신댔지?"
우리 내외가 잠시 일본에 다녀올 일이 생겨서 그러는데 이번 방학에 우리 현주 좀 데리고 서울에 다녀왔으면 해서 그려?
현주가 서울엘 가보질 못 했어 대학에 시험 보러 가는데 학교 앞 동네 까지만 가면 그곳에 자기 지인이 마중 나와 있을 것"이란다.

그동안 서로 관심도 두지 않고 별 대화조차 나누지 않았던 서먹한 사이였지만 버스의 2인용 이라고는 해도 좁은 옆자리에 살 맞대고 앉아 대여섯 시간을 비비고 볶으면서 다소는 어색하였더라도 싫지 않은 여행을 해야만 했다.

수줍어하고 예민한 고교 3학년생인 남과 여 그 사람도 나처럼 중학교를 졸업한 후 1년을 쉬었다 하더라도 나이로는 나보다 한 살 아래로 별반 차이는 없었다. 그 당시 나도 외면상으로는 다른 애들보다 키가 커서 우리반 60여 명 중에 50번 안 팎 이였고 체격도 당시로는 다른친구들 보다 컸지 작지 않았다.

그렇게 꿈 많고 새로운 삶에 세계를 각기 다르게 향해 가던 두 사람은 해가 설핏해서야 서울 역에 도착할 수 있었다.

-이후, 내가 가르치는 놈에 누나니 내가 '현상이 누나'라 부르고 자기 동생을 가르치는 선생님이니 '홍 선생님'으로 서로 편하게 부르기로 정했다.-

내가 정릉동 밖에 없는 줄 알았었나?

이른 아침 버스 내에서부터 우리가 찾아가는 곳이 정릉동485번지라 들었다.

그리고 그때마다 돌아앉아 치마 속주머니에서 더듬더듬 꺼내 한 손으로 가리고 웅크리고 보던 그 쪽지. 끝내 혼자만 보면서 한 말이 정릉동 485번지라고 말한다. 서울역에서 잠시 헤매기는 하였어도 정릉 가는 엷은 분홍색 합승버스를 쉽게 탈 수 있었다. 덜커덩 대면서 요리조리 전차電車를 피해가며 찾아간 곳은 고갯길 너머 산동네 성북구 정릉동이다. 어느덧 해는 어둑어둑 땅거미가 접어들며 불켜진 가게들이 늘어나고 하나둘 가로등과 네온사인이 번쩍거리는데 오랜만에 오는 서울이라 눈을 어리둥절케 하는 것이 아닌가?

 이 골목 저 골목 어쩌다 지나가는 사람들의 발길을 멈춰 세우고, 번지수를 따져 물어 봤지만 누구하나 속 시원한 대답을 들려주지는 않았다. 현상이 누나나 나도 지칠 대로 지쳐갔고 반갑지 않은 겨울비는 소리 없이 추적추적 내리는데 웬일인지 자꾸 '통행금지'라는 말과 함께 싸이렌 소리가 들려오는 듯 내 마음부터 구속 시키려드는 불안한 감정이 엄습해오던 그 때 더 이상은 그리 알량한 자존심 따위의 고집을 생각할 시간이 아니라고 판단하고 난생 처음으로 파출소문을 밀고 들어갔다.
 --------??
 이렇게도 맹한 학생들이 있나...
 동대문구 전농동을 성북구 정릉에 와서 찾는다? 당진에서 출발하면서 그리고 버스 안에서 또 한 번을 확인 하고 또 확인했는데... 자기가 쓴 글씨입네 하고 뭔가 작은 프라이버시 그 이상쯤로 여겼던 것은 아니었을까? 둘이는 누굴 원망할 겨를도 없이 허기와 허탈감이 몰려오는데 밤은 깊어만 가고 평상시처럼 소리내던 차량들의 작은 경적 소리에도 깜짝깜짝 놀라던 그 때 현주와 내가 골목길에서 잠시 말을 잊은 채 방황하고 섰는데 11시 30분을 알리는 통행금지 싸이렌 소리가 숨 넘어 갈 듯이 길게

토해내고 있었다.
 잠시 후
 큰길 방향에서 우리가 서있는 골목길 쪽으로 플래시 불빛이 천천히 움직이더니 경찰관 두엇이 서둘러 우리를 쫓아온다.
 "이봐요! 학생들 그 자리에 서있어 봐"
 전후 사정은 파출소로 가서 하라며 다짜고짜 차에 타란다. 우리를 태운 지프가 파출소 앞에 도착하더니 이젠 명령조 비슷하게 어서 내리라며 윽박지르는 듯 했다. 학생들이 이 시간에 왜 길에서 방황하는 거지? 천천히 사정을 설명하는 내 말을 듣다말고 시골에서 온 학생들이라서 특별히 본서(경찰서)로는 이송을 시키지 않을테니 이 근처에 여인숙이나 여관을 찾아보라면서 경위서 등 손도장을 여기저기 찍게 하고 훈방조치 해줬다. 그때 마음속으로는 차라리 우리들을 파출소 유치장(철창)안에 하룻밤 임시 수용해주면 어떨까? 오히려 그것이 내 마음을 편하게 할 것 같은 생각이 잠깐 스치고 지나간다.

현상이 누나는 이 방에서 자면 되요

 난 건넌방에서 잘 테니…
 둘이는 여관집 주인한테 특별히 부탁하여 주문한 저녁밥을 겸상해 마주앉아 먹고 나서 내가 먼저 꺼낸 말이었다.

"홍 선생님!"우리 이 방에서 같이 자면 안 돼요? 무섭기도 하고 밖에서 나쁜 사람이 들이닥칠 것만 같다"

　면서 내 얼굴을 빤히 바라본다. 그러나 내 생각으론 절대 용납할 수 없는 일일뿐만 아니라, 남녀학생이 여관에 함께 들어왔다는 것 자체만으로도 있을 수 없는 지탄받아 마땅한 나쁜 처사가 아니던가? 전후 사정이야 어찌되었든 현상이 아버지와 그에 어머니가 이 사실을 뒤늦게라도 아신다면 어떤 얼굴로 우리들을 바라보고 이해할 수 있을까?

　무엇보다 내 머릿속을 스치고 지나가는 것이 하나 있었으니 바로 신과장이 평소 속주머니에 간수하고 다니던 권총이 난데없이 나타나 머리 속을 스치고 지나간다. 나는 머리를 좌우로 내 저으며... 자, 그럼 서로 피곤 할 테니 잠시 눈이라도 붙이고 아침 일찍 동대문 전농동으로 택시타고 가자며 막 일어서려는데 이젠 아예 내 다리를 두 손으로 잡고 놓을 생각을 안 하는 게 아닌가?

　깜짝 놀라 눈을 떠보니 창살 너머로 훤히 밝아 오는데... 현상이 누나가 서로 넘으면 안 된다고 방 한가운데를 가로 질러 정열 해 놓은 베개들은 흐트러짐 없이 줄지어있고 밖에서는 땡그랑, 땡그랑,

　"콩나물 사이소!! 콩나물"이라는 아주머니가 가냘픈 울부짖음 어쩜 깊은 애환이 서린 듯 한 그 목소리가 끝나기도 전에 "두부 둑" 하고 아저씨에 퉁명스럽고 굵은 목소

리는 어쩐지 심술 끼가 차고 넘치는 것 같이 들려오다가 점점 멀어져 갔다.

자기 발 저릴 짓을 누가 했나?

그날도 학교에서 나와 첫 번째 코스인 현상이네 집에 도착하여 공부방 문을 열고 들어서니 아랫목 쪽에 누군지 이불을 뒤집어쓰고 길게 누워있고 현상이는 나를 바라다보며 한쪽 눈만 깜박 깜빡 꺼린다.

내가 장난 끼가 발동해 이불을 살짝 들춰보려는데 갑자기 이불을 홱 잡아당기며 다시 돌아 눕는게 아닌가.... 대학시험에서 떨어져 볼 낯이 없고 계면쩍어선지 아니면 잠시 후, 부시시 일어나 머리를 매만지면서 억지로 눈도 마주치지 않으려는 듯이 도망치듯 밖으로 나간다.

그날 공부를 마치고 나서려는데 현주가 서둘러 들어오더니 현상이보고 나가 있으라며 말을 잇는다.

홍선생님! 오늘이 아버지 생신이신데 선생님과 저녁 같이 하기로 했다면서 주머니에서 꼬깃꼬깃한 돈을 꺼내 내 손 에 쥐여 주고는 자기 아버지가 늘 좋아 하시는 고량주 한 독꾸리만 사 오라고 한다.

대청마루에서 신동균 과장과 내가 겸상해 밥을 먹고 맞은 편 두레반에서 그 어머니와 그 자녀들이 식사를 한다. 내가 자청해 생신축하 드린다며 술을 두어 잔 채워 드렸는데 어느새 취기가 잔득 도는지 혀 꼬부라지는 소리가 시작되었다. 그러고는 신 과장께서 내게 빈 술잔을 들이밀며 말한다. "어른들과 같이하는 자리에서는 학생 신분일지라도 한잔해도 괜찮은거 아녀?

그리고, 난 다 알어! 홍 선생님과 우리 현주가 자주 만나는 것두…"

이 말이 다 끝나기도 전에 현주가 자기 발 저런 짓을 했는지? 밥 먹던 수저를 밥상에 내려놓고는 손바닥으로 입을 막으며 서둘러 밖으로 뛰쳐나간다.

이어 신과장이 말을 잇는다.

"홍 선생! 우리 현주 쟤 아무것도 몰라 그저 동생같이 생각하고 잘 이끌어줘요. 알았지요?"

그렇게 식사를 마치고 나오려는데 부엌 쪽에 현주가 찬합 인지 예쁘게 비단보자기로 싼 보따리를 들고 서 있었다.

"우리가 저녁 먹을 반찬으로 준비했던 걸 쌓았으니" 어서 어머님 저녁식사 하실 수 있도록 갖다 드리란다.

며칠 후,

당진천唐津川에 임시로 개설된 스케이트장에서 현상이가 스케이트 타는 것을 참견하고 섰는데 저만치서 현주가 조그만 상자 하나를 들고 불이 나게 달려온다. 홍 선생님도 현상이와 함께 하시라면서 스케이트 새것 한 켤레를 사들고 와 얼른 신어보라며 선생님 신발인 학생화 크기를 고려해 산 것이니 잘 맞을 거라며 환히 웃고 있었다. 그리고는 스케이트를 신고 일어서지도 못하는 내 손을 잡아 주며 한 걸음씩 연습시켜주던 그의 손이 어찌나 따뜻하던지 그 날의 그 감촉은 한없이 부드럽고 따뜻하게 느껴졌으며 그것이 시초가 되어 내가 오늘날까지 스케이트를 원만히 탈수 있었던 계기가 아니었나 하는 생각이 앞선다.

이듬해 봄,
현상이를 데리고 석문면 통정리(삼봉) 바닷가로 개별個別소 풍을 가겠다며 도시락을 준비하라고 현주한테 말해 뒀는데 현상이 보다 오히려 그 누나가 마음이 크게 들떠 있는 게 눈에 들어온다. 도시락 가방에 이것저것 챙겨 넣는 것이 미심쩍다 싶어 눈 여겨보니 내 허락도 없이 자기도 함께 가야 한다며 앞장섰다.

그러는 것을 곁에서 지켜보고 있던 그에 어머니도 깔깔 웃으며 어째 현상이보다 현주가 더 신이나 있는 것 같나? 그렇게 셋이서 소풍이라고 갔지만 말이 셋이지 현상이는 따로 혼자 모래성만 쌓고 우리 둘만의 호젓한 데이트 시간으로 많은 이야기를 나눌 기회가 되었지...

나는 지난해 있었던 징병검사를 이미 마친 상태로도

영장이 늦어지는 바람에 조금은 초조히 생각하던 일인데 오히려 현주는 나보고 왜 대학갈 생각은 않고 딴 생각이냐며 다그치듯이 말했다. 아버지가 돌아가신 것은 슬퍼할 일이라 치더라도 왜 입학시험에 합격해 놓고도 안 가려는 이유를 이해하기 어렵다면서 그날따라 원망 섞인 말투로 적잖게 나쁜 기색이 확연 하였다. 그리고 어머님이 몸이 편치 못하시면 인천 인하공전 인근마을 용현동쪽으로 이사하시면 되는 것 아닌가? 자기도 올해는 떨어졌지만 내년에는 어디든 가리지 않고 대학에 갈 것 이란다.

공군에 지원支願 입대하다

제1보충역에 편입되어 언제 영장이 나올는지 모르고 그렇다고 영영 병역의무가 소멸 되는 것도 아니라니? 나는 하루빨리 병역의무를 마쳐야겠다는 신념하나로 그해 여름 서울동작구 대방동 공군사관학교 연병장에서 온종일 종합적인 필기시험과 체력 검사 등을 마치고 일주일 뒤 같은 해 9월에 입영 예고장을 통보 받는다.

대전에 날씨는 아주 유별했다.
9월인데도 어찌나 무더운 지 훈련받다 휴식 시간마다 부대의무실(병원)에서 생활용수와 뒤섞여 흘러내리는 똘구랑물 줄기에 직접 입을 대고 꿀꺽꿀꺽 들이마시다가

입속으로 딸려 들어와 아작아작 씹히는 모래알의 세끼 밥(자유배식)을 그렇게 많이 먹어도 허기를 가실 줄 몰랐던 그때 어느 주말엔가 현주가 통닭 몇 마리와 인절미 한 소쿠리에 과일 한 궤짝까지 싸매 택시에 싣고 특별면회를 신청해 부대 내로 직접 들어와 물품만 전달하고 갔다는데 이걸두고 당시엔 특별면회라 했다. 다시 말해 면회자를 직접 만나는 것이 아니라 간접 면회라는 형식이었나 보다. 같은 내무반에 동료 병사들뿐만 아니라 훈련 교관실까지 크게 소문나고 그동안에 그런 경우가 없었는지 나에게 큰 관심과 부러움을 사기도 했을 뿐만아니라, 애인이냐? 여동이더냐?

너도나도 여동생이면 자기한테 소개해 달라고 시간 날 때 마다 보채기도 많이들 했지...

나중에 현주한테 직접들은 이야기지만 그렇게 하면 내 군생 활이 편해질 것 같아 자기 딴엔 성심을 다해 준비해 갔었는데 그 뒤 무슨 변화라도 느낀 것이 있었느냐? 고 되묻기도 했다.

그렇게 힘들고 무더위와 싸워온 훈련기간 2개월이 끝나갈 무렵 어느 주말, 나는 특별외출을 얻어 오랜만에 대전 시내를 활보할 수 있었는데 중구 선화동에 현주가 자기여동생 종임(한밭여중 2년) 이를 데리고 자취하던 단칸방에 찾아갔던 날 문을 활짝 열고 두 팔 벌려 반기던 그 사람.

된장찌개는 쪼글쪼글 끓고 있었지만…

 부엌에 석유풍로 위에서는 된장찌개 끓는 소리가 쪼글쪼글 거리고 방 아랫목에 담요에 덮여있던 놋그릇(밥그릇) 뚜껑 소리가 눈치 없이 딸그락 거리는데도 오늘따라 종임(현주 동생)이 눈치가 영 예전 같지가 않았다. 현주가 이를 얼른 눈치 챘는지 아무신경 쓰지 말라는 듯 한쪽 눈을 깜빡거리고 고개를 문 쪽으로 가르치면서 밖으로 나가 저녁식사를 하잔다.

 그저께는 공부방 간식이 달라지더니
 어제는 내 구두를 반짝반짝 닦아놓았네
 오늘은 한쪽 눈 찔끔대고는 꼬깃 꼬깃 500환을 쥐여주며
 고량주 한 병 사오란다
 돈은 자기가 내고 생색은 날 보고 내라했다.

 그 뒤 40여년 가까이 소식이 서로 간에 없었는데 어느 날 사무실로 날 찾는 시외전화가 왔단다.
 현상이라며 자기 아버지가 대전 도립병원에서 오늘 아침에 돌아 가셨다는 부고訃告였다.
 그날 퇴근 후, 나는 차를 끌고 대전으로 내려가 조문한 뒤 그에 어머니를 비롯해서 온 가족들과 오래 쌓인 회포懷抱를 푼 다음 서둘러 서울로 올라왔다.

그러고, 어느 해던가 내가 근무하는 서초동 사무실로 소포 하나가 당도하였는데 자기네 손녀딸 돌 선물을 마련하려고 청주시내 백화점에 나왔다가 내가 불현듯이 생각이 났다나?

평소에도 6월(음)이면 생일을 기억하고 넘어간다면서도 전화한번 못 해줘서 미안하다는 쪽지와 예쁘게 포장한 넥타이를 보내왔었다.

그 후, 그는 이렇게 말했다
홍 선생님과 내가 잊지 못할 정릉동
그곳에 하룻밤을 같이 지새운 사람
그 밤은 평범한 그런 밤이
아니었다.

그렇기에 우리는 오래오래
잊지 못할 추억하나 더 쌓은
것이라면서도 어느 때부턴가
홍 선생님을 좋아하기보다
더 존경하는 사람이 된 것이라며...

수원댁 둘째 딸이 시집가던 날

우리가 어렸을 적에 초등학교 2학년에
올라가면 으레이 남녀가 함께
앉아서 공부를 했다.
그런데, 나는 예쁜 짝을 만나 먼 산 바라
보며 속으로 깔깔댔고 섭섭이를 만난
친구는 1년 내내 잡치던 기분이었던
사상思想을 나는 벌써부터 알고 있었다.

내가 다섯 살 때인 1950년 6.25 사변이 터진 뒤 3년 이상 계속 이어오던 전쟁이 휴전협상 국면으로 전환되면서 한치의 땅이라도 더 찾지 하고 잔당세력의 제거와 그동안 이적 행위를 일삼아왔던 변절자들이 숨어들만한 근거지를 말살 시킨다는 목표 하에 미군 폭격기인 B29의 무차별적 폭격과 피난살이의 소용돌이가 계속되던 1953년 3월 나는 어머니의 손에 이끌려 방공호로 가다말고 이웃 동무들과 딱지치기 놀이에 눈을 팔던 철없던 유년시절이 지나 늦은 나이에 석문 초등학교에 입학하였는데, 같은 반에는 우리 형 또래보다 나이가 한참 많은 동기들과 공부를 같이했다.

차가운 바람이 몸을 움츠리게 하던 초겨울 어느 날 이였다. 교실난로에 땔감이 떨어져 십여리 곰개 벌목장까지 걸어가 선별하고 남은 장작깨비 서너개씩 어린것들 등에 멜방걸어 메여꿍꿍 대며 몇번을 쉬어 왔던가... 공부 시간에도 틈을 내어 학교뒷산에 올라가 꼼방울도 줍고 불쏘시개용으로 솔잎도 살뜰히 긁어모아 책보에 싸들고 왔다. 그리고, 5-6학년 형들은 신작로 부역에 동원되기도 하였고 학교시설과 방공호수리 등 우리가 직접 나섰던 기억들이 새롭기만 하다.

첫눈이 내리고 겨울방학 줄 무렵
교실 난로 불쏘시개를 마련하기위해

학교 뒷산에 올라가 꼼 방울도 줍고
20여 리길 공개 벌목장에 가서 장작
몇 개비 멜방 걸어 등에 지고 끙끙대며
쉬어오던 그 때가 아직 생각난다.

6분단 맨 뒤 복도 쪽에 앉아
훈훈한 온기한번 쐐보지 못한
무쇠 난로.

 - 무쇠 난로(제2시집) 중에서

그처럼 어린 마음에도 전교에 한분이셨던 우리 반 여자 담임 선생님이 잊히지 않는 이유는 무엇 때문일까?
하루는 자습시간에 공부는 안하고 떠들었다 면서 단체로 두 손 들어 올리고 벌서는데 갑자기 내 발바닥에 온기溫氣가 느껴지는 바람에 힐끔 내려다보니 옆자리 짝꿍인 예쁜 손미숙(가명)이가 울면서 오줌을 질질 싸대여 정강이를 타고 소리 없이 내려와 마루 바닥이 흔건하게 내川를 이루었나 보다.

기다리던 음악 시간이 돌아오면
이 교실 저 교실 풍금을 찾아서
쩔쩔매며 넷이서 들고 왔다

예쁘고 긴 머리
단 한 분이셨던 여자 선생님은
노래 부르며 풍금을 치고
우리들은 소리 높여 노래 불렀다

재잘거리던 동무들 집에 다 가고
복도 저편에서 은은히 들려오던
풍금 소리가 내 가슴속 깊이
새겨진 이유는 무엇 때문일까?
　　　　　　　- 고향이 유정해라 (제2시집) 중에서

예쁜 짝 만나면 먼 산 바라보며 속으로 웃고...

내가 아마도 그때 일찍이 성숙하였던 것은 아니었지만, 예쁜 짝을 만났으니 먼 산 바라보며 속으로 깔깔대고 섭섭이를 만난 애들은 1년 내내 잡치던 기분이었던 사상을 나는 이미 이해하고 있었나 보다.

인주완(가명) 여자선생님, 긴 머리에 까만 원피스를 자주 입었고 뾰족구두를 신고 다니던 여자선생님 성격은 다소 모가 나있었지만 잊히지 않는 이유가 무엇 때문일까? 석문면 삼화리(삼꽃) 마을 70이여 호의 작은 마을에 대부분 홍씨 집성촌으로 각성 받이 라서 10여 호 남짓이었고 우리 집은 남들 죽 먹을 때 수원 콩이 일부 들어

간 잡곡밥을 먹고 이 동네에서 해마다 땅 사는 집이 수원 댁 이라고 한때 크게 소문 난적도 있었다. 그 집엔 언제나 소여물을 끓이는지 늦은 시간에도 우사 쪽 굴뚝에선 모락모락 하얀 연기가 피어올랐다. 외양간에서는 황소의 목에 매단 워낭소리가 정적을 깨트리고 아버지가 일찍이 배우지 못한 한을 자식들한테까지 대물림하지 않겠다는 신념하나로 입학시험을 치르게 한 둘째형이 당진중학교에 합격하였다는 소식으로 동네 사람들로부터 많은 축하인사를 받았는가하면 이웃에 사는 김 서방네 집 큰딸金和이 우리 둘째 형을 많이 좋아하였다는 사실을 어린 나이에도 내 눈치로 짐작할 수 있었지…

우리 집 뒤란에는 위성처럼 까마득한 공중 안테나 줄이 늘어서고 나무궤짝 라디오 소리에 지나가던 이들의 발 거름을 멈춰 서게 했다. 특히, 여름철마다 바깥마당에 밀집방석 3 - 4장 깔아놓고 라디오에서는 수백 명의 박수소리가 울려 퍼져나갈 때 쯤, 동네 꼬마 녀석들이 바짝바짝 다가앉으며 신기해하기도 했다.

미국이 지원한 씨레이션 박스

저녁 해 설핏해 별빛마저 차가워질 무렵이면 개척교회에서 들려오는 저녁 종소리 땡그랑거리고 그동안 소문으로만 무성하던 미국의 원조품으로 특별히 배급된 시레이션 박스하나 받고도 환호성을 내 지르면서 반가워했고 미군들이 입다버린 양달령 통큰바지를 줄여 입고 폼 잡던 우리들...

그 시레이션 상자 안에는 평생 듣지도 보지도 못했던 캬라멜과 과자 껌 커피 건빵 특히 재수가 좋은 집에는 손목시계까지 다음 해에도 또 지원될 것이라는 입소문이야 무성 하였지만 몇 해가 지나가도록 그 바람은 끝내 이루어지지 않았다.

통밀을 맷돌에 들들 갈아 빚은 수제비 몇 점 먹을 때 갑자기 곤두박질치던 별똥별 속으로 되살아난 모깃불 연기가 땅바닥으로 내리깔리고 궤짝라디오에선 뜨거운 박수소리와 함께 으례히 재치문답 시간이 돌아왔다.

한낮에 땡볕 기운이 가시기도 전에
바깥마당에 이웃사촌들이 모여 들면
궤짝 라디오에선 수백 명의 우레와 같은
박수소리와 함께 엄익채 한궁남 박사가
출연하는 재치문답 시간이 돌아오고,
장소팔 고춘자 가짜 부부의 만담과
살살이 서영춘 아저씨의 빈대떡 신사
콧노래가 배꼽을 잡게 하던 여름 밤
개똥벌레가 꽁무니에 불 켜고 도망갈 때

나는 이웃집 누나들 틈에 끼여 덩달아 웃다
깜빡깜빡 이내 잠이 들었나 봅니다.
   – 여름밤의 추상(제2시집) 중에서

 남은 햇살 쫓아 토방에 자리때기를 깔고 부엌 천정에 매달린 채반 속 보리밥. 서둘러 솎아온상추와 쑥갓 그리고 풋고추를 찬물에 헹구고 막된장 한 움큼 바른 뒤 보리찬밥 한 덩이에다 얼기설기 여미여서 입이 터저라 우겨넣으면 왜 엄마한테 눈흘기냐? 면서 환하게 웃으시던 어머니...

꺼먹고무신짝에 가둬놨던 송사리
숨 못 쉬어 죽어버리고
소금쟁이와 방개가 물장구치던
집 앞에 둠벙도 모두 말라 버렸더라

돌빵구지를 돌아서서 올려다보면
오동나무 하나 장승처럼 서있고
하얀 박꽃넝쿨 기어오르던 우리 집
앞뜰 고라시 논바닥에 쓰러진
허수아비가 애처로웠고
사르르 사르르 눈 오는 소리에
발목 빠지던 시목골 언덕빼기

비료포대 썰매 타다 넘어져
칭얼대는 누이동생 달래려고
처마 밑 철사끊어 썰매 만들다
아버지한테 혼이났다.
- 고향이 유정해라 (제2시집) 중에서

우리 어머니는 본래 충청남도 예산군 덕산면 대동리(참나무쟁이) 수덕사 아랫마을에서 스물세 살에 열 살 위인 아버지를 만나 시집오셨단다. 언제나 눈썰미가 출중해서 당내간에 대소사가 있을 적마다 선택적으로 일을 기획하시고 총괄적인 리더 역을 깔끔히 해냈으며 타성바지에 부녀자들한테도 인기가 좋아 친자식같이 여자가 꼭 알아야 할일(성교육)등을 가르치면서 나이 등 세대 차별 없이 서로 왕래가 잦았고 우리 어머니를 중심으로 자주모여 공부도하고 서로 협력을 도모하였던 기억이 새롭다.

어머니는 새참 내오실 때마다
무명옷 정갈하게 갈아입으시고
앞가르마 곧게 갈랐었다

뙈기밭 사이 열무 솎으시고
밭두렁 동부거두어 집에 와서는
치맛자락에 달라붙은 도깨비바늘

떼어내시고 안마당 뽐푸 물
한 바가지로 벌컥벌컥 시장끼 달랬지...
　　　　　　　　－ 어머니의 잔영(제2시집) 중에서

가마니 여남은 장 지게에 짊어지고
눈이 무릎까지 푹푹 빠지는
할미당 고개 넘던 새벽녘
토끼털 귀마개도 칼바람을
이겨내지 못하셨나 봅니다

당진읍내 오일장터
뒷마당에서 온몸으로 견디시고
고등어 한 손이랑 양잿물 한 덩이
양회포대 종이에 싸서
지게 발에 대롱대롱 흔들렸어도
막내아들 줄 눈깔사탕 한 봉지
궤침에 챙겼으니
미끄러운 눈길에 발이 얼어 터지는 줄
몰랐었나 봅니다.
　　　　　　　　－ 아버지의 눈깔사탕(제2시집) 중에서

　그렇게 순탄하기만 하던 수원 댁에 격랑激浪에 시간들이 다가오고 있었다. 우리 집은 같은 해 큰 딸洪順부터 시작하여 큰아들까지 연거푸 일결를 치웠는데 동네 또래들

여나믐이 같이 며느리를 맞아 들인 중에 특히 우리큰형 색시감이 제일 출중하다고 소문이 크게 났었지만 안타깝게도 고부간에 갈등은 우리 집이 제일먼저 시작되었던 것으로 기억하고 있다.

 그도 그럴 것이 큰 며느리를 들이고 나서 3개월여도 안되어 둘째아들이 무단가출한 뒤 3년여 만에 절치부심 그 아들이 서울에 살아있음을 확인하고 내려오던 날 셋째딸 洪子이 세상을 등졌으니 누군들 남의자식 잘못 들여 집안에 흉흉한 일만 이어진다는 말들이 무성했으니 말이다.

 앞에 말한 대로 둘째아들이 당진중학교에 좋은 성적으로 합격 하였다는 통지서를 받고 동네 사람들로부터 축하인사 받기 바빴지만 얼마 안 있어 도시락 싸는 문제 등 형수와의 하찮은 갈등(?)이 시작되면서 30여리 길을 허기지며 걸어 통학하기 어렵다는 쪽지하나 남긴 채 가출하였으니 그 어미인들 얼마나 속이 타들어 갔을까?
 방방곡곡 용하다는 점쟁이들을 찾아 지리산에서 다년간 도를 닦고 왔다는 처녀도사를 만나질 않나 어느 방향에서 귀인을 만나 배는 곯지 않는지? 부디 죽지만 말고 살아만 있어 달라고 매일 새벽 신령님께 정화수 떠놓고 빌고 또 비는 모습을 나는 보며 살았다.

주소 없는 정체불명에 편지가...

 애타는 심정을 알아 주셨던지 3년 째 되던 해 어느 날 난데없이 정체불명에 편지 한통이 날아들었다. 겉에는 보낸 사람의 주소도 없고 내용물이라야 하얀 종이에 싼 흑백사진 한 장, 한적한 서울변두리 거리인 것 같았지만 길가에 낙엽을 긁어 모아놓고 모닥불 피우며 찍은 사진 속의 아들이 학생복 입은 또래 서넛과 서있는데 어쩐지 행색이 사나웠나 보다.?

 서울 가서 김서방 찾기라더니 말 그대로 사진 한 장 달랑 들고 넓은 서울바닥 어디 가서 찾을까? 애태우던 그 때, 이웃집에 서울에서 피난 내려왔다가 눌러앉은 아저씨 한분이 사진을 보잔다. 이리보고 저리보고 고개를 갸우뚱대다 말고 무릎을 탁 치며 알겠다고 소리쳤다.
 이곳이 상왕십리 3거리 길이다. 그 뒤로 배명고등학교 건물 아래로 담벼락 돌 축대인 게 틀림없으니 그 근방에 가서 수소문 해보면 찾을 수 있겠단다.

 며칠 뒤 어머니는 서둘러 서울로 아들 찾겠다고 떠나면서도 막내딸한테 홍역 끼가 완연하니 절대 찬바람을 쐬면 안 된다고 신신당부하고 서둘러 길을 나셨다.

 서울에 도착한 어머니는 사진 한 장 쥐고 이 거리 저

골목 왕십리 바닥을 헤매고 광무극장 뒷골목을 돌아 나와 배명고등학교 쪽으로 가는데 학생 서넛이 눈사람을 만들고 서서 낄낄대는 아이들 속으로 파고들어가 이런 애 아는 학생 있는가? 하고 사진을 내미니 두 놈은 본체만체 딴전이고 그 중 한 녀석이 사진을 유심히 바라보다가 얘들아! 얘 홍선이 아니니?

맞어! 신당동에 있는 야간고등학교를 이번에 입학한 그 애 말이야…

"할머니! 저만 따라 오세요" 하고 앞장선다.(우리 어머니는 50대중반인 그때부터 할머니 소리를 처음 들으며 사신다면서 옛날을 회상하시곤 했었다) 아들에 생사를 확인한 어머니 3년여 동안 끓인 속이 풀어질까, 가벼운 발걸음으로 서울서 집으로 내려오던 날, 우리 집 막내딸 홍자(당시,네살)가 숨소리와 얼굴색이 변하는 걸 살펴보시던 아버지는 이 밤을 넘기기 어려울 것 같은 불안한 생각이드니 서둘러 이웃집 기철이네에 왕진 왔다가 묵고 있을 돌팔이의원을 불러 침이라도 맞춰보자며 기별하고 재차 사람을 보내 재촉하였는데 그 돌팔이는 끝끝내 와주지 않았고, 그 이튿날 새벽 막내 여동생은 네 살의 어린 나이에 사랑하는 가족들 곁을 홀연히 떠나고 말았다.

옛 부터 호사다마라 했다. 기쁜 일 뒤에는 언제나 마가 뒤 따른다고 말들을 하지 않았던가? 어머니는 그 후 상심이 얼마나 크셨던지 식음食飮을 전폐하고 매일같이 딸이 묻혀있는 공동묘지를 몇 날이나 갔는지… 나도 어머니 따라나섰던 참새골 들 건너편에 조그만 공동묘지, 우리 뙈기밭에서 빤히 건너다보이는 그쪽으로는 지금도 아예 고개조차 돌리기 싫다.

'수원댁 둘째딸 연애결혼 하는 날' 플렌카드가...

삼꽃 동네에 또 한 번의 큰 소용돌이가 밀려왔다. 수원집 둘째딸(22세)이 긴급히 시집을 가야한다는데 석문 면내 뿐 아니라, 이웃 타 동네에까지 연애결혼 이야기가 크나큰 뉴스거리로 소문이 퍼져나가고 있었다. 이 마을 저 동네 너나 할 것 없이 한동안 수원 댁 이야기가 그 시대에 큰 변화를 재촉하는 사건이고 당시 매우 놀랄 만한 뉴스거리가 되었었나 보다.

그도 그럴 것이 신랑 되는 사람이 당진군 고대면 진관리 사람으로 당진과 합덕지방을 대표하는 '진관파'의 대표적 주먹이요 깡패 두목으로 키는 6척이 넘고 휘하에 똘마니들 2-30여명을 거느린 사람, 석문면내에 승용차 한대도 없던 시기에 까만 지프차에다 뒤따르는 부하들이 탄 도락꾸(쓰리쿼터)까지 거창하고 요란스럽게 뻐기고 다녔고 이들이 한번 움직였다하면 그 부하들이 새까맣게 뒤따라서 대전. 천안 패거리 두목들과도 자웅을 겨루다가 대가리가 터졌어도 희희낙낙 대던 집단들, 당진 경찰서 순사 아저씨들조차 그들 앞에서는 큰 소리를 못 내고 눈치를 봐야하는 처지였으니 그럴 만도 했겠네?

부뚜막에는 먼저 올라간 고양이

우리 둘째洪淑 누나는 어려서부터 배우같이 크게 예쁘진 않았지만 일찍이 이웃 김씨네 총각들이 너도나도 큰 관심을 보이는 걸 알면서도 본인은 눈길 한 번 주지 않고 얌전 떨던 그런 누나가 부뚜막에는 제일먼저 올라간 고양이의 형국이 된 셈이 아닌가?

어디 자식 이기는 부모 있다고 했나 남달리 완고하셨던 아버지셨어도 이를 인정하지 않으면 안 될 명분에서조차 밀렸으니 그저 부랴부랴 10월 끝자락으로 결혼식 날짜를 서둘러 잡았다.

결혼식 당일 갑자기 동네 꼬마 녀석들이 무리지어 뒤꽁무 니를 따르는 지프와 도락꾸 한 대가 동네 큰길로 접어 들더니 수원 댁 마당에다 대고 시동을 끈다. 발전기 2대에다 앰프시설과 확성기, 채알과 전깃줄 등 젊은 사람 몇이 마을 입구부터 집 마당까지 전선을 깔고 전등까지 매달아 불을 밝히는가 하면 우리 집 안마당과 바깥마당에는 큰 채알이 떠받아 졌으며 신작로에서 동네로 들어오는 입구에는 "수원 댁 둘째 딸 연애결혼식 올리던 날" 이라고 큼직한 푸랑카드가 내걸리고 큰 마당 오동나무에 매단 확성기에는 각종민요와 유행가가 요란스럽게 쏟아져 나오는데 동네 처녀총각들 마음 설레이고 할머니 할아버지들뿐 아니라 갓 시집온 새색시들까지 흥에 겨워 졸싹거리는 광경에 술독이 어찌나 빨리 비워지는지 술통을 배달하는 자전거에 행렬이 줄을 서더니 석문 양조장마저 크게 흥이 났다고 소문이 났었다.

그렇게 온 동네 사람들의 부러움과 시새움이 공존하던 날 우리 둘째누나는 요란스러운 혼례식을 치르고 시집을 갔는데 시집가고 3일째 되던 날,
친정으로 자양을 왔는데 새신랑의 위풍에 짓눌려서 그런지 동네 총각들이 새신랑 달아먹을 생각은 못하고 가까이 다가서는 것조차 꺼리면서 만만한 술통만 비우는 기현상이 일어나 새신랑이 동네 총각들로부터 달리는 일 한번 없이 오히려 큰소리치는 등 이웃집 사위들 발바닥에 불났던 것 같은 모습은 우리 수원 댁에서는 영 찾아볼 수 없었다.

그렇지만,
안타깝게도 그렇게 요란하고 남부럽지 않게 시집가 호사 받아야했던 누나가 시집 간지 5개월도 안 돼 첫 자식을 출산하다 크게 잘못되어 자기의 명을 다하지 못하고 23살의 꽃다운 나이에 아기와 함께 이듬해 3월 어느 날 유명을 달리하고 만다.

사회적 혼란기에 자라난 동심

내가 동무들과 밤 주우러 갔다가 덤 풀 속
옷빠시한테 쏘여 주머니에 알밤들을 모두
내 팽개치고 집으로 다름박질쳐 왔다.
휘어질 듯 가느다란 목덜미와 겨드랑이에
등허리까지 붉은 꽃이 피어날 무렵 어머닌
된장과 간장에 식초단지까지 찾아들고
살갗에 달라붙은 벌을 떼다 엉엉 우셨다.

어느 해였나?

추석을 하루 앞둔 팔월 열나흘 날 보덕포 나루터로 서울 사는 둘째형을 마중 가던 날이었지 끝말을 지나 원장에 갈대숲 사이를 지날 때 자기 오빠들 눈치를 보며 내 곁으로 다가와 슬며시 주머니에서 꺼내 내손에 쥐어주던 박하사탕 한 알 꼬깃꼬깃 체온에 녹은 마음 속, 그리고는 우리 둘이는 일행과 멀리 뒤떨어져 한참 동안을 내 곁에 두고 같이 걸어갔다.

샘 너머 감나무골 성이네
뒤란 쪽으로 뾰족감꽃이 무수히
떨어졌다.

강아지풀에 감꽃꿰어
내목에 걸어주던 그 날도
나는 그 사상思想을 전혀 몰랐고
그에 손을 잡아 주지도 못했다

그 이후 70여 년이 훌쩍 지난 어느 날,
내 유년기를 되짚어볼 요량에 어린날을 회상하며 유년을 보냈던 동네를 찾은 적이 있었다. 샘 너머로 감꽃처럼 살다 서둘러 가버린 그의 집 앞에 우두커니 섰네. 연년이 감꽃이 그토록 많이 피었다 떨어졌어도 대청마루 아래 반들반들 빛나던 댓돌은 그대로 있을텐데 왜 나는 늙어 이곳에 있는가?
 지금은 누가 사는지 대문조차 굳게 닫혀있고, 마당에 반쯤 뉘어진 바지랑대 끄트머리에 고추잠자리가 눈을 내두르며 어디서 무얼 하다 이제 왔느냐 묻는다.

 가고 없는 사람을 기다리는 것은
 그리워하는 것
 계절은 세월이 아닌 기다림으로
 기울어져 가는 저녁놀

 가로수 높은 가지에 짓다 만 까치둥지
 빈 편지함처럼 말이 없고
 쓸쓸하기만 했다.

 동네는 쥐 죽은 듯이 고요한데 이집 저집 굴뚝에서는 힘없이 저녁연기가 천천히 피어오르고 있었다.

낮에는 민주패 밤에는 공산패가 기승을...

 6. 25가 끝나갈 무렵, 마지막 발악이라도 하는 것일까? 동네 사람들 모두를 몰살시킬 것이라는 소문이 크게 나돌아 우리식구 모두는 들 건너 속사리 작은아버지댁으로 피난 갔다. 이른 새벽에 논틀건너 오던 길 아침 이슬에 젖은 고무신짝이 왜 그렇게 미끄러웠던지... 삼麻밭에

서 잠자다가 눈 비비며 꾸역꾸역 나오던 사람들 말이 지난밤 인호네 작은 아버지가 두 손 뒤로꽁꽁 묶인 채로 끌려갔단다.

낮에는 민주 패, 밤엔 공산 패
이웃에 사는 형이 붉은 완장을 차고
기고만장 하던 시절

집마다 수색하여 놋그릇과 만만한
살림살이를 탈취해 가고 지름재 노락산
방공호 부역하다 용케 도망쳐 나온
우리 누나는 얼굴에 숯검병 바르고
다락에 숨어 살다살다 시집도 못가고
다 늙었다.

석문면 덕거리에 난장이 선다는데

그동안 소문으로만 크게 무성하던 석문면소재지인 덕거리에 오일장 (4일, 9일)이 선단다. 그를 기념하고 선전하기 위해 한주동안 난장亂場이 선다는데 전국 각지에서 몰려드는 장사치들이 괘나리 봇 짐지고 몰려드는가 하면 몇 날밤을 가설극장(천막)에 무성영화 총천연색 시네마스코프에다 떠돌이 악극단이 들어온다니 조용하기만 하던 덕거리가 온통 요란스럽게 됐다.

이를 선전이라도 하려는 듯 벌써부터 트럭에다 화성기를 달고 유행가 소리도 드높이 마을 초입에 들어설 때, 동네 꼬마 녀석들 살판나서 떼지어 뒤따르고 처녀 총각들 마음 심란해 일손 놓고 우두커니 서서 바라만 봤다. 온종일 뙤약 밭에 일하느라 고단도 하련만 이 마을 저 마을 저녁밥 서둘러먹고 너도나도 석문면사무소 옆 느티나무 아래 가설극장假設劇場으로 모여들었다.

이 틈에도 꼬마 녀석들은 돈 한 푼 없이도 즐거워 설쳐대고 영화관 입구쪽 밝은 전등불 아래 불나방과 깔따구가 귀찮게 덤벼들어도 한손에 겜말를 잡고 코 흘리며 이사람 저사람 눈치를 살피다가 영화가 거의 끝나갈 무렵에 포장일부를 허물면 살판이나 난 듯이 우르르 몰려 들어갔다.

어떤 아이들은 약삭빠르게 전깃불빛이 침침한곳을 물색하여 개구멍치기(포장밑을 떠들고 몰래 들어가기)하려다 문지기한데 발각되는 날엔 뒤에서 바짓가랑이 붙잡혀 아랫도리가 발가벗겨지는 모습쯤이야 많은 이들의 웃음을 자아내는 참모습이 아니었을까? 그리고 영화상영중에 갑자기 발전기라도 고장나면 한참동안 고치다고치다 그날 영화상영을 포기하고 서둘러 임시입장권을 발급해주무로서 다음날 처음부터 입장이 가능토록 조치하는 것쯤은 잊지 않았는데 관객들의 항의가 빗발치든 말든 그날 밤은 그렇게 깊어만 갔다.

참외 서리하다 들키면 장난이라 둘러댔다

여름철 뙈기밭 끄트머리에 세운 참외 막 하나, 낮잠 자던 늙은 할아버지 속여 딴전 보게 하는 조 따로, 망보는 조 따로 직접 참외 서리하는 조 따로 따로 콩밭고랑에 쭈그리고 앉아 설익고 미지근한 참외 봉통 아리를 크게 베어 물던 그 맛.

옛부터 훔친 소도둑이 소 네발에 사람 신발을 거꾸로 신켜 워낭을 미리 떼버리고 끌고 갔다니? 벙거지 쓰고 달려온 석문지서 순사양반 말인 즉, "집으로 들어온 사람 발자국만 보이고 소에 발자국은 없다"고 고개를 절레절레 흔들어 댔다.

으스름달밤에 참외 서리 갔다가
주인한테 들켜버렸다.

기겁해 밭고랑으로 줄행랑치는데
비탈진 밭둑에서 사촌형과 각성바지
누나가 끌어 앉고 소곤대고 있는 걸
본 내 가슴이 더 쿵덕거렸는데
그 이유를 나도 잘 모르겠다.

서리 해봤자 큰 집 꺼나 당숙모네 집 꺼?

 서리라는 것이 본래 전쟁터 나가듯 한다지만 고작 해봤자 큰집이나 작은 집, 아니면 당숙모네 집 꺼 그리고 콩서리보다 간덩이가 부은 닭서리... 그 당시에는 들키면 장난이라 하였겠지만 지금 이 시대에는 완연한 범죄라 아니할 수 없겠지? 하루는 동무들과 데설궂은 궁리 끝에 인천댁 그 얄미운 여자네 뙈기밭 전봇대 곁에 주렁주렁 매달린 애호박에다 뜨거운 물 한번 준 뒤에 경기한번 일으키고, 머리 흔들다가 아랫도리마저 크게 털고 도망쳐 나왔는데...

 그래도 성이 풀리질 않아 우리들은 그 여자가 외출하는 동선에 지장풀 묶어놔 이걸 피하는 옆길을 비밀함정으로 해서 그 안에 똥 한바가지 쏟아 넣은 다음 올가미을 만들어 풀잎 등으로 감쪽같이 위장을 꾸며놓은 뒤, 멀리 나무 꼭대기에 올라가 지켜보고 싶다고 한다.
 즉, 그 아가씨가 똥통에 빠지는걸 보다가 우리가 박장대소하며 손뼉칠적에 그 가시네가 어떤 표정일지 한번 꼭 보고 싶다고 한다.

 한참을 지나 그 약아빠진 가시내가 지나다 실제로 똥통에 발이 빠져 버린다. 곁에 있는 쑥대 풀을 꺽어 바지가랭이를 툭툭 털다가는 주위를 둘레둘레 보더니 약이

턱밑까지 바짝 오른 듯 주먹을 불끈 쥐고 분에 못 이겨 소리친다.
"내가 또 속았다. 어디 두고 보자 요놈들…"

수줍게 속살 내보이던 그 여자네 집
뭐 잘못 보인 게 없는데도 우리는 크게
골탕 먹일 심사만으로 크게 작심하고
쳐들어갔다.

외지에서 떠돌다 닳고 닳아버린 약아빠진
그 여자네 집 지난밤 암탉 한 마리
돌아가셨다.
하루 내내 문밖을 나서지 않는 비밀스러운 여자
도시에서 피난 왔다. 눌러앉은 그 여자
내일에도 정 갈 곳이 없으면 그 집으로
닭서리 가봐야 하는 거 아녀?

돼지 새끼를 끌고 왔는지 내가 끌려…

어머니가 덕거리에 난장 서던 날 그렇게 별러서 사준 만년필을 잉크도 넣지 못하고 잠잘 때도 꼭 쥐고 손에서 놓지 않았던 새 만년필… 지금와 생각하니 그것을 언제 어디에서 잊어버린 건지? 아니면, 누가 날 속이고 슬쩍 해 갔는지? 한 번도 써 보지도 못하고 잊어버린 만년

필이 70여 년이 지났어도 눈에 밟힐 듯 지금까지도 자꾸 생각나는 것은 무엇 때문일까?

고사리 취나물 더덕 도토리묵 그리고 짚으로 묶은 달걀 꾸러미가 마냥 정겨웠고 머슴살이하는 남정네는 주인 몰래 배부른 안식구 소식 전해 듣고 시집살이하는 딸을 만나던 석문 오일장 날, 볼일을 마친 어머니 손에 이끌려 아버지와 함께 석문면 사무소 입구쪽으로 면내에 방귀깨나 뀐다는 사람들만 은밀히 찾아온다는 신춘옥新春屋으로 향했다. 국밥 시그릇만 줄 수 있어유?

나는 아버지가 사준 돼지새끼
두 마리를 새끼로 모가지 묶어
집으로 내가 끌고 온 건지
돼지새끼가 날 끌고 집으로 온건지?

제멋대로 가려는 놈들과의 싸움
나를 이리저리 끌고 달아나
애간장 태우던 그 날

아버지는 우리막내 애 쓴다며
이놈들이 크면 팔아 운동화
사준다고 약속하셨다.

소나기는 억수같이 쏟아지고 똥은 마려운데

　게타리는 옹쳐져서 풀리질 않는다. 어느 날 학교에 갔다 와서 앞뜰 원장(간사지)에 매놓은 소
　끌러 간사지에 갔는데 갑자기 앞산이 컴컴해지고 천둥번개가 몰아치면서 장대비가 쏟아졌다.

　내川는 건너야 하는데 냇물은
　불어나고 바람에 꼴바지게는
　자빠져서 나뒹굴러 갔다.
　고삐 풀린 송아지는 도망을 치고
　갑자기 똥은 마려웠지만 옹쳐진 게타리는 영- 풀리지 않았다.
　(그 뒤 집에 와보니 소는 여물만 먹고 나한테는 눈길 한번 주지 않는다.)

　캄캄하던 구름이 걷히고 지는 해 설핏할 무렵 간사지를 휘돌아 동네로 들어설 때 한소대 무명등걸 속으로 푸른 꿈 넘쳐흐르고 당진-석문간 신작로 30여리길 새벽안개 더듬으며 중학교에 걸어가던 날 검은 운동화가 흙투성이 되었지만 미루나무 새잎 나올 무렵 새 학년에 올라 동생들도 생기고 얼굴엔 여드름도 많이 돋았다.

앞뜰수로에 갯물 들면 동무들과
텀부덩거리던 간사지

배다리로 올라오는 짠물냄새 쫓아
반짝이는 둑방길 가로
질러 달려오면
어느새 마른 논 배미에
분홍빛 따라서 동네로 들어섰지...

유난히도 부끄럼을 많이 타던
그 계집애 옥양목 검은치마
쓸어안고 대문 뒤에 숨었다.

지금 와서 생각하니 그 때가 뒤늦은
사춘기로 들꽃 하나에도 애처롭고
노을빛에 멈춰 서서
사색에 잠기던 어린 날...

옷빠시 쏘여 식초단지 들고 나온 어머니...

가을 녘,
동무들과 밤 주으러 갔다가 덤불 속 성난 옷빠시 한테 쏘여 휘어 질듯 가느다란 목덜미며 겨드랑이에 등허리까지 파고 들었던 오빠시에 붉은 꽃이 피어날 무렵 주머니

가득 채웠던 알밤을 전부 팽개치고 집으로 달려온 날, 어머니는 된장과 조선간장 식초단지까지 찾아들고 나와 살갗에 달라붙은 벌을 떼어 내다말고 엉엉 우셨다.

  그런데도 나는
  나무 꼬챙이에 찔려
  찢어진 고무신짝을
  마루 밑에 숨겨 두었다는
  말을 안했으니 내가 지은 죄
  아직도 용서받지 못 하겠네.

  썰매 타다 얼음이 꺼져
  젖은 솜바지 말린답시고
  엉덩이 태워먹고 어머니가
  무서워 굴뚝 뒤에 웅크리고
  떨고 서있었지...

아버지는 학꼬방으로 소주 사러 달려가신다

  그 해 어느 겨울 날..
  문득 겨울을 넘어서려다가 장독대에서 눈 쌓인 고향을 보았다. 짚가리 곁에 왕겨와 쌀아기를 뿌리고 삼태기에 달린 끈을 잡은 손이 시려오고 오금이 저려왔어도 내동잘 오던 그 놈에 참새는 주위만 살필 뿐 내려와 앉지를

않은데,

 그런 줄도 모르고 우리 아버지는 막내아들이 소주 안줏감으로 참새를 잡는다며 학꼬방으로 소주 사러 달려가셨다고 했다. 나는 아무리 생각해봐도 아버지 뵐 낯이 없을 것만 같아 하는 수 없이 아랫말(아랫동네)로 뒤도 돌아보지 않고 내빼버렸다.

유년기에 바라본 보릿고개

쑥개떡 한 볼텡이에 찬물 한 사발로
끼니를 있는 둥 마는 둥 어머니는
시래기 줍는 다며 시장에 가고
술지게미 훔쳐 먹은 아이놈은
술 취해 잠들었나 보다.
화산교회에서 점심 한 끼 대접한다는
확성기 소리에 허리 굽은 긴 줄 선다.

보릿고개 하면 1960년대 오가던 얘기로 햇보리가 나올 때까지의 넘기 힘든 고개(시기)라는 뜻이다.

아무리 갈아엎어도 목마른 천수답

  다시 말해 먹을 음식 거리인 식량이 떨어져 갈 무렵 걸핏하면 봄 가뭄 등으로 산야에 나물이나 쑥 등 대체식품에 견줄만한 그것마저 고갈 되어가고 보리는 미처 여물지 않아서 집안에 식량 사정이 연중 가장 어려운 시기(4~5월)를 비유적으로 이르던 말이기도 하다. 이날도 할아버지가 *먼 산 나무 갔다 돌아와 큰 마당 뒤꼍에 부려놓은 나뭇짐 속에서 철 지난 찔레순을 찾다 붉은 진달래 꽃가지만 몇 개 골라내어 소주병에 꽂아 놨었다.

　먼산나무 갔다 오는 할아버지의
　바지게 위에 연분홍 진달래꽃
　한 송이 활짝 피었다.

　하얀 나비 한 마리가
　할아버지와 길동무하려는지
　앞서거니 뒤서거니
　진달래꽃을 쫓아오네.
　　　　　 - 바지게 위에 핀 진달래(제1시집) 중에서

우리 동네에 내 같은 학년 또래들 열셋. 대략 4Km가 넘는 신작로 길을 돌고 돌아 석문 초등학교를 다녔다. 고학년 형 중에서 통학 단장의 구령에 맞춰 하나둘, 셋 넷 그렇게 책보를 어깨에 메고 쫓아다녔다. 그러나 공부시간이 끝나면 하굣길에서는 가끔 혼자서 집에 오는 때가 많았는데 반나절짜리 십리 사탕(박하 왕사탕)을 입안에 물고 터덜터덜 돌멩이 걷어차며 집에 오는 길. 간혹 학교에서 배급품으로 나눠 준 우유가루를 한 줌 손에 쥐어 먹으면서...

집안 형편이 조금 어려워 보이는 집 자식들은 으레 미군 부대 뒷문으로 흘러나오는 헌 옷가지들을 사서바랑같이 헐렁한 군복을 물들여 줄여 입고도 폼 잡던 그 시절 무명옷 솜바지를 입고 끄나풀로 허리띠를 대신 한다 해도 쉽게 껩말이 흘러내려 한 손으로 이를 붙잡았는데 거기다가 코까지 주르르 들락날락 흘러내리는 코 찔찔이라고 놀려댔어도 어쩌다 미군 도락꾸가 나타나기라도 하는 날엔 누가 먼저라 할 것 없이 흙먼지 뒤집어쓰면서도 핼로우 핼로우! 소리 지르며 달려갈 때 어쩌다가 던져주던 배 고품과 기다림...

그 당시엔 햄버거나 과자 그리고 빵 같은 것이 존재하지 않았다. 사람들 살아가는 형편이 그렇게 음식문화에 신경 쓸 만큼 안정이 안 되고 하루 세끼니 연명하기 어려운데 주전 부리라는 것 자체를 생각지 못하던 시기가 아니었을까? 철따라 덤불속으로 쏟아지는 남에 밤나무골

이 부러웠으며, 똘고랑으로 노랗게 익어 떨어지던 개살구도 요즘처럼 내버려 두지 않았었지?

오빠! 물마네...

그런데 우리 어머니는 언제 들이닥칠지 모르는 손님 위해 쌀 몇 됫박 깊숙이 간수하였다가 손님에게 따뜻한 쌀밥 한 끼 대접하는 것을 집안에 전통이라도 되는 것처럼 중히 여기셨던 모양이다. 지금에 돌아보면 그놈에 쌀밥이 무엇이라고 있고 없고를 떠나 아이들이 쌀밥타령이 노래가 돼갔고 잡곡이 전혀 섞이지 않은 흰쌀밥을 실컷 먹는 것이 시대적 로망이 되었던 것 같다.

우두실에 사시는 외삼촌이 오시던 날
어머니는 안광 뒤지에서 쌀 한 됫박을
가지고 나오셨다.

쌀밥 먹을 생각에 어쩔 줄 몰라 하는
우리들한테 어머니는 누룽지
한 볼탱이씩 입에 넣어주며 밖에 나가
동생과 내가 샛문 창호지에 침을 발라
구멍을 내고 아버지와 외삼촌이
진지 잡수시는 것을 지켜봤다.

오빠! 물마네…?
동생이 갑자기 울음을 터트렸다.
급히 동생에 입을 틀어막는다는 것이
그만 샛문을 밀치면서 동생과 내가
안방으로 넘어지고 말았다.
> - 오빠 물마네! (제1 시집) 중에서 -

지게목발에 보리 찬밥 한 덩이 대롱대롱

 몇 년째 봄 가음으로 타 들어가던 가슴 속 춘궁기春窮期마다 아낙네들이 집 주변이나 논두렁 밭두렁 등에 널려 있는 쑥이나 나물들까지 경쟁이라도 하듯 씨가 말라서 하다 하다 타 동네에까지 원정을 떠나는가 하면 땔감을 채취하기 위해 인적이 드문 산야를 찾아 떠나던 먼산나무라는 새로운 용어까지 생겨났었다.

 새벽 일찍 지게목발에 보리밥 한 덩이 대롱대롱 매달고 서둘러 떠나던 25리 길, 바지게 가득 등짐치고 집에 돌아와 하루해 꼴딱 넘어갔는데 하루는 형이 비실대던 꿩 한 마리를 주워서 가져 오시는 바람에 몇 번을 살펴가며 내장을 철저히 분리시킨 뒤 조심조심 볶아 먹어보니 쫄깃하고 어찌나 맛이 좋았던지?

 나이어린 내가 먼산나무에 따라갈 요량으로 밤늦게까

지 등잔 불에 머리를 끄슬려가며 수원 콩에 구멍을 뚫고 아버지의 용인하에* 싸이나를 욱여넣어 촛농으로 흔적을 없앤 뒤에 꿩이 잘 다닐만한 눈 녹은 양지쪽에 뿌려놓았지만 어느새 약아 빠진 꿩들이 눈치 챘는지 약이 들어가지 않은 콩들만 골라 먹었나보다. 어쩌다 멍청한 꿩이 약 들어있는 콩을 먹고서는 야속하게도멀리 날아가 건너편 깊은 산골짜기에 처박혀 죽은들 나한테 무슨 소용이 있었겠나? 그렇게 질기고 고단한 보릿고개를 넘기 위해서 한 동네에 두서너 집이 장려 쌀을 얻어먹어야 긴 긴 봄날이 갔다.

장려 쌀과 곱 장려 쌀의 차이

한 가마니를 얻어다 먹고 가을 농사가 끝나고 빌려 먹은 쌀 한가마니 대신 한가마니 반(1.5배)을 갚아야 했었고, 심지어 이마저도 못 얻으면 하다하다 곱 장려 쌀이라 하여 쌀 한 가마니에 두가마니(두곱)을 갚아야 하는 이웃 간에 야박한 세상을 우리들은 보고 살았다.

뒷박으로 쌀독 밑바닥 긁는 소리를 들은
아버지가 곱 장려 쌀도 얻어먹기
어려운 시기라 하였다

쑥개떡 한 볼텡이에 찬물 한사발로

끼니를 있는 둥 마는 둥
어미는 시래기 주으려고 장에 가고

술찌게미 훔쳐 먹은 아이놈은
술에 취해 잠이 들었나 보다.
화산교회에서 점심 한 끼 대접 한다는
확성기 소리에 허리 굽은 긴 줄 섰다.
　　　　　　　　－보릿고개(제2시집) 중에서

우리누나를 무서워했던 사람들

그러던 어느 날 갑자기 온 동네가 어수선 해졌다. *술조사가 외챙이 쪽으로 건너 가는가 싶더니 방향을 틀어 우리 동네로 들어오고 있단다.

밭에서 일하고 있던 우리어머니는 윗방 아랫목에서 끓고 있는 술독이 생각나 어찌할 줄 몰라 하시던 그 때, 누나가 어머니를 안심시켜 드리면서 자기가 하자는 대로 한 번 해보잔다, 쌀이 귀하던 시절 누구 네든 밀주 단속에 한 번 걸리면 벌금도 벌금이려니와 패가망신이라도 당하는 것처럼 모두가 두려워하였고 별의별 수단과 방법을 동원해본들 이들을 따돌린 사례는 한 번도 없었다고 들었다.

어릴 적 나는 술 조사가
제일 무서운 사람인 줄로만 알았다.
붉은 완장을 찬 술 조사 요원만 보면
사람들이 벌벌 떨고 심지어
이장까지도 설설 기였으니 말이다.

긴 머리 헝클어트리고 흰 대임으로
이마를 동여맨 뒤 고쟁이 바람에
속적삼 단추 하나 풀어 제치고
이불에 기대어 웅크려 있을테니
내 방을 얼씬거리는 이들이 있거들랑
딸애가 몹시 아파 누워있다고 이르란다.

안방을 거쳐 윗 방문을 열다 말고
기겁해 돌아서는 술 조사는 고개를
절레절레 내 저으며 서둘러 갔다.
    - 우리 누나 무서워했던 사람들 (제1 시집)중에서

*술 조사 : 당시 쌀이 귀하던 시기 정부가 간접적으로 운영하는 양조장 술을 사먹으라는 취지로 밀주密酒 단속 하러 다니던 세무서 직원을 일컷던 말..

소풍 가는 날은 꼭 비가 왔다

우리들 모두가 어렵게 살던 그때는 모든 것이 거꾸로 갔었나 보다. 운동회 날 그리고, 소풍 가는 날 오래 가물다가도 그 날은 꼭 비가 왔다. 아버지들은 논에 물이 말라 못자리판도 만들 생각조차 못하고 하늘만 올려다보며 타들어가던 가슴 속, 그렇다고 가뭄을 해소 할 만큼 주룩주룩 많은 비가 내리는 것은 물론 아니었다. 어렵게 사는 집 아이들은 도시락도 싸주지 못하고 그렇다고 용돈이라도 챙겨줘서 현지에서 무엇이든 사먹게 할 수 있는 여건도 되지 못했지만 당시에는 소풍목적지라 해봐야 기껏해야 보덕사普德寺, 그 당시 주변에는 무엇 하나 사 먹을 만한 가게도 식당도 존재하지 않았다.

그저 '어젯밤 꿈자리가 사나웠으니' 소풍 가지 말라는 할머니도 그렇고 '비 올 것 같다'는 핑계로 소풍을 못 가게 하던 아버지의 짧은 생각에 아이들은 한밤 두 밤 손꼽아 기다리던 그날아침 얼마나 허망하고 슬펐으면 방안에 들어가 소리 날까 봐 이불을 뒤집어쓰고 엉엉 울고 있었을까? 그런데도 소풍에 못 따라간 것도 서러운데 별도로 학교에 나오게 하여 소사 아저씨의 인솔아래 운동장과 화단에 풀도 뽑고 또랑에 청소도 시켰다.

한나절 내내 쫄쫄 굶기면서...

자전거 택시타고 인도를 달리다

1992년 우리나라의 해외여행 자유화가 시행되기 전인 1984년 국제회의에 앞서 인도 남부도시 Bombay 관광을 마치고 뉴델리로 올라와 UFTAA(Universal Federation Of Travel Agents Association) 총회 회의에 참석한뒤 델리공항을 떠나 귀국한 다음날인 1984년 10월 31일 인도 총리인 인디라 깐디가 시크교도 출신인 자기의 경호원으로부터 3발의 총탄을 맞고 암살 되는 사건이 발생 하여서 이후 1개월 동안 모든 인도 공항이 폐쇄 된봐...

(1)

사람을 젊게 만드는 것이 있다면 하나는 사랑이요 또 하나는 여행旅行이라 했다.

누구나 여행을 싫어할 사람은 없을 것이다. 여행 중에서도 해외여행이라면 왠지 호화스럽고 낭만이 꿈이 한없이 펼쳐지는 것으로 선망의 대상이 되고 있을 뿐만 아니라, 당시 가족 중에 해외여행이라도 갖다오는 날에는 온 식구가 공항까지 마중을 나갔고 공항입국장을 나서는 사람들은 마치 개선장군이라도 된 것처럼 손을 흔들고 뻐기면서 돌아오던 때였으니...

그런 가운데 해외 여행자유화 (1992년 초 시행) 가 시행되기 전인 1984년 10월 국제회의 참가 차 떠나는 명분으로 어렵게 경험해보는 해외 나들이를 그것도 혼자서 가야한다는 부담과 원활치 못한 언어소통 그리고 중립국이라고는 해도 북한과는 아주 가깝고 특수한 관계에 있었던 터라 단순한 기우로만 여길 수 없는 일이 한 두 가지가 아니었다.

서울에서 인도 뉴델리까지의 직항노선이 없어 싱가포르에서 비행기를 갈아타야 하는 불편도 불편이지만 북한에 비해 1/3도안되는 상주공관의 직원수도 그렇고 우리나라 사람들의 왕래 또한 아주 미미한 상황이면서 큰 국토와 인구가 많은 나라로만 지목되어 오던 곳으로 국내적으로 사회질서의 불안과 종교 분쟁 등 여러 가지 복잡

하게 돌아가고 있는 곳이 라는 사실에 주저하지 않을 수 없었다.

 무엇보다 우리나라 중앙정보부(당시)에서 실시하는 해외여행자 특별 보안 교육 시 강사진들 누구나가 인도를 위험 국가군 群으로 특별히 분리 하는 등 위험 요소가 많은 지역 중에 하나로 입에 오르내렸고 이전 해인 1983년 우리나라 대통령을 암살하려는 북한 첩자들에 의한 아웅산묘塞 폭파사건이 있고 나서 남북관계가 엄중한 상태였으니 썩 내키는 그런 기분만은 아닌 것이 솔직한 심정이었다.

 (2)
 싱가포르공항에서 India항공 보잉 747기에 몸을 실은 지 세 시간쯤 지나 새벽녘 인도 남부항구도시 Bombay 공항에 곧 도착한다는 기내 방송에 설레는 마음으로 짐을 챙겼다. 비행기 트랩에서 내려 몇 걸음을 나서고 있는데 손님들 틈을 헐레벌떡 비집고 나서며 Seoul, Mr. Hong을 연거푸 소리쳐 부르는 새까맣고 호리호리 왜소해 보이는 남자.
 혹시 내가 잘못 들은 게 아닌가 싶어 상황을 잠시 살피는데 알고 있기라도 하듯 내 앞에 정중히 다가와 인사하는데 '인도 관광청 봄베이 사무실' 이라는 명찰을 보고서야 UFTAA총회 사무국에서 파견된 직원 역할을 동시에

수행 중이란 걸 확인할 수 있었고 멀리 지방도시에 까지 국제회의에 대한 세심한 배려 등 손님접대 준비에 만전을 다 하는 것에 고마워하지 않을 수 없었다.

 그 사람이 요구하는 대로 여권과 짐을 맡기고 붐비는 사람들을 헤집으며 청사내로 들어가더니 조용하고 자그마한 방으로 나를 안내 하는 게 아닌가? 내 눈치를 살피던 접대원 아가씨가 커피 잔을 받혀들고 다가와 조심스럽게 탁자위에 내려놓고는 머뭇대기에 준비했던 1불짜리 지폐 한 장을 내밀었더니 황송하다는 듯 내뱉는 말이 North Korea? 하고 내 얼굴을 빤히 쳐다본다. 썩 상쾌하지는 않았지만 South Korea 라면서도 약간 퉁명스런 어조로 "86아세안 게임과 "88서울 올림픽을 유치하여 머지않아 서울에서 개최된다는 사실을 아느냐고 반문하니 그제서야 잘 알고있다는 듯이 고개를 끄덕이며 Seoul를 몇 번이고 되뇌며 돌아선다. 그런데 잠시 후면 온다던 말을 남기고 나갔던 그 사람 30여분이 다되어서야 여권과 출입국카드를 들고 포터와 같이 나타났다. 여권을 건네준 그는 공항청사 뒷문을 이용하여 택시 승강장까지 안내하고 내일모래 뉴델리행 국내선 비행기 시간과 Bombay에서의 투숙 호텔 등을 다시 확인하고는 총총히 사라졌다.
 포터의 말대로 택시 승차장 카운터에 행선지를 대고 요구하는 요금을 치른 뒤 택시 승차카드를 받았다. 공항

승차장을 빠져나온 택시는 지름길인 듯 터덜거리는 비포장도로를 지나고 옴팡집 같이 나지막한 빈민가 뒷 골목길을 거쳐 큰 길로 들어서는 인도 제2의 항구시Bombay의 새벽길은 한없이 조용하고 낮게 매달린 가로등만이 안개 속에 서서 할 일 없이 졸고 있었다.

(3)
 방황하는 집시들이 모여 사는 듯 한 봄베이를 떠나기 위해 공항으로 향했다. 멀리 보이기엔 웅장하고 높은 건물 군, 인도양의 파도와 어우러진 남국의 야자수, 글자 그대로 낭만이 가득한 그림같은 항구도시 같았지만 바짝 다가서면 헐고 그을리고 을씨년스럽고 컴컴한 건물들 금새 유령이라도 뛰쳐나올 것 같은 어두운 골목 길, 외면만 봐서는 1947년 영국이 통치권을 이양하고 서둘러 떠날 당시에 모습을 보는 것만 같이 건물들이 그대로 인 듯 보였다.
 뜨거운 태양만 가리면 되는 걸까? 살기에도 바쁜 이들이 무슨 여유가 있어 길거리에 나무를 심어 그늘을 만들고 페인트칠을 하고 깨어진 창窓을 가리고 살아가겠는가?

 40여 년 전에 흥청대는 옛 모습은 흔적조차 없이 사라지고 길거리를 배회하는 사람들이 왜 그렇게 많을까? 국내선 비행기가 이륙하여 정상궤도를 잡은 듯 할 때 동쪽으로 붉은 태양이 이글거리며 솟아오르고 있었다.

 구름 한 점 없는 대륙의 아침은 평온하였으며 한참을 가도 가옥 한 채 눈에 뛰지 않고 실낱같이 가느다란 꼬불꼬불한 강줄기가 아련히 내려다보이는 광활한 대지위를 내가 날개짓이라도 하고 있는 게 아닐까 착각할 듯싶었다. 1시간 40여 분만에 뉴델리공항 국내선 터미널에 발을 내디뎠다. 깨진 천정에선 빛이 새어나오고 벽면을 타고 흘러내린 듯 오래된 황토빛 빗물자국이 여기저기 선명하지만 수속은 대체로 간단히 끝났다.

 캐리어를 끌고나오는데 UFTAA(Universal Federation Of Travel Agents Association)총회준비 사무국에서 인도의 전통의상인 아름다운 사리(Sari 인도의 전통의상)차림에 피켓을 들고 이마엔 '빈디(붉은 점)를 붙인 예쁜 아가씨들이 열지어서 손을 흔들며 나를 반가이 맞아준다.

 시내로 들어오는 중에 자동차가 신호를 기다리는데 말로만 들었던 일들이 눈앞에서 벌어지고 있었다. 대여섯 명의 꼬마 녀석들이 차선 깊숙이 밀고 들어와 'One-Rupee'를 되풀이 하며 손을 벌리고 열린 차창 밖을 옮겨 다녔고 소떼들은 대로大路로 몰려 들어와 차들이 꼼짝달싹 못해도 운전기사나 교통경찰관으로 보이는 요원마저 못 본체 내버려 두는 것을 보고 놀랄 일이 아니란 것을 알 수 있었다.

(4)
회의 공식일정을 모두마친 대표단들은 인도정부가 자랑하고 있는 Taj Mahal 사원을 돌아보기 위해 아침 7시에 서둘러 버스에 올랐다. New Delhi에서 남동쪽으로 400Km이상 떨어진 AGRA에 도착하니 정오가 다 되었다.

다섯 시간 이상 달려도 조그마한 구릉하나 없이 하늘과 땅에 맞닿은 지평선만 향해 가는 비포장도로에 뿌연 흙먼지만 뿌옇게 휘날리며 달리기를 여러 차례, 잡초와 키 작은 활엽수, 길가엔 허물어진 나지막한 흙집만 가끔 눈에 띌 뿐 넓은 땅들이 방치 된 채로 사람 그림자조차
없어진지 오래인 듯 황망해 보였다. 이 나라 국민들은 어째서 굶주리며 살아가고 있을까? 저 넓은 땅들이 물이 없어 농사를 못 짓는다면 농업용수 개발은 왜 못하는 걸까?
또, 내가 이해할 수 없는 것은 무슨 소원과 죄가 얼마나 많아 온종일 땅바닥에 쪼그리고 앉아 빌고 만 있는 걸까? 신에게 매달려 있다고 하여 하늘에서 빵이 굴러 떨어지는 것도 아닐 텐데... 게으른 이들에 속사정을 빨리 이해할 순 없었지만 하여튼 종교에 힘이 대단하다는 것

쯤은 어렴풋이 알 수 있을 것 같았다.

  버스에서 내려 안내원의 설명을 들으려는데 가두 판매원들이 어찌나 많이 나를 에워싸는지 앞으로 전진 할 틈이 없어졌다. 도망하다 싶이 가까스로 빠져나와 길을 재촉해 보지만 여기에 지지 않을세라 부채 사라고 조르며 따라오는 남루한 차림새에 머슴아는 아예 필사적이었다. 고개를 내 저어도 머슴아는 5Rupee를 연거푸 소리치며 길을 막아선다. 슬그머니 화가 치밀고 치사스런 생각이 들어서 5Rupee짜리 지폐 한 장을 그냥 가지라며 던져줬더니 사례는 잊지 않고 싫다는 부채 한 개를 억지로 손에 쥐어 주고 돌아선다. 부채 장수의 끈질긴 성화에 일행 모두를 잃어버린 나는 할 일 없이 혼자서 Taj Mahal 사원을 신발과 양말을 벗어들고 급히 둘러본 뒤 주차장으로 달려갔으나 관광버스는 보이지 않고 속도모르는 물건 파는 꼬마 녀석들만 생선가게에 쉬파리 모여들어 아우성이다. 그런데 어디에서 나를 지켜봤던지 자전거 택시를 밀고 온 노인 한분이 다가와서는 얼른 타라는 것이었다. 짐작컨대 여행객중 뒤 떨어진 손님이 있으니 점심 식사할 호텔로 모시고 오라는 안내원의 부탁을 받은 운전기사(자전거 택시)로 보였다.

  처음 타보는 택시 아닌 택시(인도의 대표적 운송수단으로 자전거를 개조해 만든 인력거인 '릭샤'(Ricksaw)

앞은 자전거를 닮고 뒤로 바퀴 두개를 달아 뒷좌석에 2명이 앉을 수 있는 서민용 자전거 택시였지만 뒤에 기대어 앉은 나는 귀족이나 된 듯 세상에 부러울 게 없었다. 그런 생각도 잠시 50대 후반쯤으로 보이는 노인(운전기사)의 숨소리는 점차 가빠지고 삐그덕 삐그덕 페달 밟는 소리 또한 느려져만 갔다. 약간의 경사진 곳은 기사가 아예 내려 밀고 간다.

이 노인네가 얼마를 벌기 위해 이처럼 고생하는가 싶어서 요금이라도 후히 주리라 생각하면서도 애처로운 생각에 그를 도와 같이 뒤에서 밀어주기 위해 나도 자전거에서 내렸다. 20여분을 더 가서야 일행과 합류할 수 있었고 요금을 물으니 20R-pee(1불;22Rupee)를 달라기에 30Rupee를 주니 어리둥절 몇 번이고 고개를 조아리며 고마워한다.

(5)
델리 공항에서 출국수속을 마치고 잠시 차茶를 마시다 이상한 느낌이 들어 주위를 살펴보니 30여 미터 근거리에 까만 선그라스를 낀 젊은 사람(북한 정보원으로 추측) 둘이서 내 거동 하나하나에 눈길을 떼지 않는 듯 보이는 게 아닌가? 나름 이들에 동태를 내가 거꾸로 살피기 위해 신문지에 작은 구멍을 내어 실눈으로 신문을 읽는 척 그들의 동태를 살피다가 대표단 명찰를 가슴에 찬 북미주 쪽에서 온 것 같은 대표들이 모여 있는 쪽으로 자리를 옮겨 대화에 끼어들어 같이 웃으며 시간을 같이하고 있는데 어딘가 전화를 하는가 싶더니 내가 있는 쪽을 힐끔힐끔 바라 보며 뒷걸음치듯 어느새 사라졌다.

(6)
BangKok행 비행기에 오른 순간 나는 그동안 설쳤던 잠을 청해보려 했다. 바로 옆자리에 앉아있는 큰 눈과 오똑한 코의 윤곽이 뚜렷하고 까므잡잡힌 얼굴의 미모에 인도 아가씨... Sari차림에 이마엔 빨간 빈디를 붙이고 목걸이와 귀걸이 팔찌 반지 등 호화스럽게 치장한 그의 옆모습을 보면서...

깊숙이 차선 안쪽까지 침입했던 어린 아이들의 지저분한 검은 손, 그리고 질기게 따라붙던 부채팔 던 머슴아, 자전거택시의 페달 밟던 촌노의 가쁜 숨소리, 차선 전체를 가로막고 서있던 소떼들의 여유 있던 행열, 자기 흥에 빠지던 피리 불던 사나이, 귀 아프게 떠들어대던 관광버스 남자안내원의 요란스럽던 마이크 소리, 사원입구 길바닥에 쪼그리고 앉아있던 맨발에 여인네들의 기도소리, 갠지스강 황토 물에서 목욕하던 젊은 아낙네들, 험상궂게 생긴 봄베이 공항에서의 협력자와 커피를 대접해 주던 예쁜 아가씨, 증기기관차 지붕꼭대기에 매달려가던 사람들, 뉴델리 공항에서의 미행자(?), 샤자한 왕이 사랑하던 죽은 아내(음 타즈 마할)를 기리며 22년 동안 건설

했다는 Taj Mahal사원(세계7대 불가사의중 하나), 5시간 이상을 달려도 사방 끝이 안 보이던 대평원...

그 넓은 대지의 무한한 가능성과 잠재력이 무한한 인도의 Delhi공항을 박차고 비상하는 비행기의자에 몸을 기댄 채로 신神의 세상창조의 공평성을 다시 한 번 고마워하며 Goodbye Newdelhi을 몇 번이고 되 뇌였다.

수상록隨想錄
– 내게 새덧을 놓은 까닭이 무엇일까?

혹 걸려들까? 하여
내게 올가미(덫)를 놓았던 것 같은데
서툴게 쓴 글씨체로도 벌써 알아채고
그날 그 시간 그곳에 전봇대 뒤에 숨어
길게 늘어진 현주에 꼬리를 잡고는
깔깔대며 크게 말했다.
"보내준 편지 잘 받았노라"고.

나를 좋게 말해 마음이 연약하고 크게 독하지 못한 사람인가보다. 아니, 애초에 눈물이 많은 남자인지도 모르겠다.때는 2015년 당시 다니던 직장에서 종심從心의 나이에 명예퇴직을 몇 달 앞둔 무렵, 각 시도 노조대표 간부들과 해외 연수차 오스트리아 등 남부 유럽지역 몇 나라를 여행하는 팀에 인솔자 명목으로 참가 할 수 있었다. 여행 이튿날 우리일행이 오스트리아 빈에 미햐엘러풀랏츠(Michaelrplatz) 광장을 방문했던 오후였다.

　한국인 젊은 여성 한분이 플루트를 들고 광장으로 천천히 다가서며 어설피(?) 아리랑의 전주곡을 시작하고 있는데 그 앞으로 여러 사람이 관심을 집중하고 반대쪽에 바이올린을 손에든 젊은 아가씨들 일행이 들어오며 자연스레 아리랑 합주가 시작되면서 2-30여명이 갑자기 300여명도 넘게 광장을 메워 삽시간에 태극기물결이 눈에 들어오기 시작했다.

　잠시 현지 사람인 듯 젊은 남자들에 우렁찬 목소리가 하모니카를 이룰 때 쯤 한 젊은이가 지휘자를 자처하듯 치켜서 열심히 손을 흔드는데 아리랑 네 번 째 소절이 끝나 갈 무렵, 세계 각지에서 온 관광객들까지 합세하여 덩실대며 아리랑을 따라 부르고 손뼉 치며 미햐엘러 광장이 온통 대한민국 일색으로 빠져드는 광경에 나도 모르게 뜨거운 눈물이 두 볼을 타고 내리는것을 억제할 수 없어 나중엔 나 혼자 엉엉 울고 말았다.

그 사람이 떠난 후,
나는 줄곧 후회하면서 산다. 용서라는 것은 상대만을 생각 하는 게 아니라 자신을 용서하는 것이라는 것을 이해하면서...

누구나 유쾌하지 않은 말을 듣고 싶어 할 사람이 없다는 건 나도 잘 안다. 그러나 친구건 가족이건 자주 소통하고 싶지만 나도 모르게 아내를 앞세운 죄인으로 반성하며 웅크리고 사는 처지에 나약한 내면만을 들어내는 것같아 오늘도 전화기를 들었다가 내려놓는다.

산다는 것은 사랑하는 사람을 보내는 연습을 하는 것인가 보다

또 소중한 것들을 버리는 연습을하는 것인지도 모르겠다. 이처럼 가슴이 아픈 만큼 그 사람에 대한 사랑이 조금만 더 깊었더라면 지금에 와서 내 가슴이 이같이 저려오지는 않았을 텐데...

그냥 후회하며 살아야 하는가 보다. 마지막 열차가 지나간 철로 변으로 격렬하게 흔들리는 코스모스가 있었다.

계절은 세월이라는 기다림으로 기울어져가는 저녁노을 어차피 누구나 거역할 수 없는 이별, 사람은 누구나 맞이하여야 할 그 이별의 순간을 위해 오늘도 또 하루를 살아가고 있는 것이 아닐는지…

평생 동안 잠이 없던 그 사람 매일같이 잠이 모자랐던 그 사람 언제라도 잠을 푹 자고 싶어 했던 그 사람이 그날은 세상을 뒤엎을 만큼 요란스런 통곡도 못 듣고 깊은 잠에 빠져들었던 그때

서둘러 깨우지 못한 내 잘못이 컸던 것 같다

그해 여름밤, 하늘엔 별빛인지 달빛인지 분간도 못하던 늦은 밤 세상에 천사같이 초롱초롱 빛나던 꽃 한 송이가 지고 있었다.

천사로 살다가 천사로 떠난 사람,
고개 들어 바라본 파란 하늘도 어두어지고 그토록 푸르던 은행잎도 하는 수 없이 땅바닥으로 떨어지고 있었나보다.

생떼 같던 그 사람을 이글거리는 불가마 속에 밀어 넣고도 돌아앉아 물을 마셨다. 나 혼자 살려고…

나는 그 곳을 이젠 못갑니다.
너무 슬프고 그 사람이 그리워서 못 갈 것 같습니다. 언제나 슬픔과 용기가 드세게 싸워보지만 오늘도 용기가 나약해졌습니다.

그 사람의 어머니는
나를 얼마나 신뢰하였던지

길 고양이 같은 나에게 생선가게를 맡기고 부부는 해외여행을 어떻게 떠났을까?

나는 그 믿음을 저버리지 않으려고 젖 먹던 힘까지 끄집어 내 보기는 했던가? 병원 대합실은 전국에 있는 근심들만 모여드는 곳인가 보다 손에 쥔 번호표는 땀에 젖어가고 벽에 걸린 전광판에선 순서가 바뀌어가는 소리도 반갑지만 힘 있는 사람도 마음 급한 사람도 거역못 하는 그 순서...

마음이 울쩍해서 새벽길을 나섰습니다

어딘가 교회에서 새벽 종소리가 들려오고 차가운 새벽바람에 볼때기가 얼어 터지는 줄 알았습니다. 그때 누가 뒤에서 갑자기 내 어깨를 툭 칩니다. 깜짝 놀라 뒤돌아보니 굉소轟笑 할매가 날 빤히 처다봅니다.

"이 꼭두새벽에 날씨도 추운데…" 걱정스러워 하는 듯이 잠시, 무슨 말을 또 하려나 봅니다.
　그러더니 이 길로 조금만 가면 왼쪽 골목길 쪽으로 작은 교회에서 따뜻한 국물이라도 줄 터이니 몸좀 녹이고 가란다.

　無(없을 무)
　좋은 일도 나쁜 일도 화나는 말도 절대로 오래가지 않나보다. 종일토록 시비是非하는 이가 있어도 듣지 않으면 어느 새 없어진다고 했다.

　내가 누군가에게 무턱대고 기대려는 것은 절대 아니다. 그렇다고 노물老物이 되가지고 같이 살자는 것 도 더욱 아니다. 무엇 보다 그까짓 재산이 탐나서 다가 서려는 것도 물론 아니다. 오직 슬프고 외로울 뿐이지…

　과부땡초도 홀아비도 욕을 먹고 살아야 세상이 편타고 했다. 주변이 다 편해진다고 했다.
　어릴쩍 어렵고 배곯았던 기억은 하나도 없지만 주위에 이웃들에 어려움을 지금에 와 뒤돌아보니 하나에 낭만이요, 옛스러운 추억꺼리가 되었나 보다.

현주가 내게 새 덫을 놓은 까닭이 무얼까?

고등학교 2학년 때 였었나 싶다. 어떻게 알았던지 당진에 모초등학교 교감 선생님 둘째딸 박은숙(가명)을 내가 아주쪼끔 좋아한다고 세간에 소문났었나? 내가 인정하지 않은 소문을 믿었던지 그에 이름으로 내게 섣부른 편지가 보내졌었다. 자신을 숨기려는 서툰 글씨체로나 편지 봉투 속에서 풍기는 냄새가 현주가 보낸 게 틀림없었다.

"당진읍내 차부 옆 탑골 다방에서 만나자"고 내 마음을 떠보려는 얄팍한 술수였지만 당진 감리교회내에 청년회 부회장이었던 당시 내게도 그만한 정보를 귀동냥해 퍼 날라다주는 여성 동조자가 있는 줄은 까맣게 몰랐던 모양이다. 시간에 맞춰 탑골 다방 입구 쪽 근거리 전신주 뒤에 몸을 숨기고 허허로이 지켜봤다, 그때였다. 맞은편 옆 골목에서 현주가 조심스럽게 걸어 나오고 있었다.

내가 지켜서있는 바로 옆길로 나오던 현주가 나를 보고는 크게 놀랍고 몹시 당황스러웠던 모양이다. 계면쩍은 듯이 "홍선생님이 이곳에는 웬일이세요? 하고 시치미를 뚝 떼길래 나는 소리 내어 깔깔 웃으면서 말했다. "편지 잘 받았노라"며 이왕에 만났으니 빵집이나 가자며 손목을 붙잡아 끌었다.

나는 그 사람을 보내고 가슴이 아프지 않은 날이 없다.

자식들이야 그 당장은 슬프고 마음이 많이 아팠었겠지만 그들은 밖으로 표현을 자제하고 속으로만 삭히나보다.

아흔 아홉 칸 집
대청마루도 비워두면 결국 흉가가 되는지 모르지만 고향도 아무 때나 반길 거라고 착각해서도 안 되는가 보다.

밤새도록 대갈빡이 터지는 레이스가 끝나고 새벽녘 땄다는 놈은 없고 전부가 잃었다는 노름판
주머니를 샅샅이 뒤져 세밀하게 판돈을 맞춰 봐도 안 맞는다고 했으며 거울 앞에 발가벗고 혼자 놀아도 마누라와 단둘이 놀아도 판돈이 안 맞는다 하지 않는가?

시인이 무슨 벼슬이라도 되는 것처럼 그 나이에 가진 것도 없으니 시인이 되었다고 문예잡지사의 문지방을 기웃거리는 배풀떼기들… 시인은 누구고 시가 뭔지 등단이 대수인가? 가슴으로 사람의 향내가 나면 시인이지.

슬픈 건 안양강安養江만이 아니었다. 다리(橋)도 나룻배도 끊기어 가슴앓이 하던 8월 어느 날 공짜로 사준다고 해도 300원짜리 커피는 안 마시는건데… 그 후로는 줄곧 자판기 커피만 생각해도 가슴이 아프다.
왜 그럴까? 예전 같지가 않다.

당진 읍내에서 채운다리를 건너 먼 신작로를 지나면 진관동 저수지를 휘돌아 할미당 고개를 헐떡거리며 오르고 방아다리를 건너 선구리 방아간에서 발통기가 통통거리고 언덕아래 진목동네를 지나 배다리건너 돌빵구지를 돌아 서서 올려다보면 느르미재... 내가 어릴 적 뛰어 놀던 참샛 골 대나무 숲에 참새들이 조잘거리는 산 중턱에 그 사람이 외롭게 혼자 산다.

운동회 날 석회가루로 하얗게 그린 동그라미처럼 얼부러지던 시골 잔칫날 엊그제 논에 물꼬싸움으로 애상(哀傷)냈던 건너 집 김서방과 땅바닥을 이웃해 보리밥 먹고 틉틉한 막걸리 한잔에 화해和解를 했다.

한가로운 서산시 도심에도 질척거리며 어둑히 가을비가 소리 없이 내리고 있었다. 우체부도 자전거 세워놓고 바지판을 걷어 올리고 논두렁길을 건너갔던 것 같이 나도 크게 용기를 내어 초록리마을 한가운데를 가로질러 달려갔던 날.

아내의 손은 따뜻하였고 가만히 떨리고 있었다
(처갓집을 기습적으로 처음 방문했던 날)

덜커덩거리는 달구지에 실은 푸른 하늘의 노랫소리 어쩌다가 지나던 텅 빈 시골버스 앞이 툭 튀어나온 버스(옛

날 미군이 쓰다버린 도락구를 개조해 만든 버스)와 아버지따라 부역 질 나섰던 신작로... 배고픔을 잊어보려고 사봉치기와 고무줄 놀이하는 가시나 들을 습격(?)해 빼앗았던 공기돌과 검은 고무줄, 그래도 허기가 가시지는 않았다.

　나는 종심從心이 다 되어서야 늦게 시인詩人에 등단했다.
　옛날 힘없고 가난해서 못 배우고 굶줄이던 이웃 동무들에게 나는 많은 것을 양보하고 같이 나눠 먹었다. 허물벗은 귀뚜라미처럼 허약하고 애당초부터 크지 않은 체구였지만 나는 올곧게 살려고 노력하며 마음을 키워나갔다. 특히, 남의 호박밭에 들어가 애호박에 말뚝 박는 심뽀를 같지는 않았고 겹겹이 기운 누더기 잠뱅이와 등거리를 걸치고 똥구녕이 찢어지게 살진 않았었나 보다.

　세상 떠난 그 사람이 자꾸 생각난다. 그래서 하늘을 봐도 후회되고 안타깝기만 하다. 그리고. 사랑하고 사랑받던 사람들이 멀리 떠나는 것도 귀한 걸 귀한 줄 모르고 소중한 걸 소중한지 몰랐던 행색들 나에겐 더욱 그런것 같다.

　앞을 봐도 슬프고, 옆을 봐도 허전하고
　뒤를보 면 그 사람이 따라 나설 것만 같다. 이 세상 사람이 아니라는 걸 알면서도 자꾸 생각이 난다.

안 된다는 말 대신 모든 걸 융통해 줬다

우리 그 사람은 어질고 착한 사람이었다. 자상하고 가슴 넓고 부정하는 말 한마디 없이 남편을 밀어주고 특히, 자식들한테는 항상 넉넉했고 안 된다는 부정에 말보다는 자식들이 원하는 게 있으면 가진 게 없으면 이웃집에 꿔서라도 당장 융통해줬다.

그립고 보고 싶은 그 사람 내 가슴이 왜 이렇게 아파오는 걸까. 봄마다 화사하게 피어나는 꽃들도 가을녘에 곱게 물드는 단풍잎도 예쁜지를 모르겠고 반갑지 않다. 허기야 그 사람이 없는데 다 무슨 소용인가?

옛 부터 화초도 버려지면 잡초가 되고 옹기에 잘 키우면 잡초도 다시 화초가 된다고 했는데...

오늘 아침은 부드러운 계란후라이가 나뭇잎 씹는 것 같이 날자 지난 보름빵 반쪼가리로 조찬이랍시구 때운다.

사람이 떠나고 이 세상에 없어도 볼때기가 얼어터지고 방고래에서 냉기가 난동을 부려도 봄은 어김없이 두 번째 찾아왔다.

눈물이 난다. 흐르고 남은 계절에 눈물이 난다 그가 가고 없는 계절이어서 눈물이 더 난다.

마른 논바닥처럼 갈라져 가슴에 있던 잠은 사라지고 고독과 외로움만 남아 불면으로 가는 까만 허공

비를 맞는 몸보다 더 적시는 눈에서 흐르는 게 아니었다. 가슴에 고인 눈물이 넘쳐나는 것이었다.

이른 아침부터 TV가 혼자서 중얼거린다

불빛도 없는 침침한 마루 한구석에서 오늘도 계란도 안 넣은 신₩라면 하나로 건너려는 체념에 조찬 시간…

그이가 하도 보고 싶어 기차를 탔다. 장항선 신례원에서 내려 당진읍내를 휘돌아 진관방죽을 건너면 해명산 산자락 앞쪽에 있는 느르미재, 그곳에 가면 눈물이 더 난다. 그 사람이 나를 맞으러 뛰어 나올 것만 같아…

그곳을 지날 때마다 자판기에서 커피 냄새가 난다. 300원짜리 커피 한잔으로도 내 마음이 훈훈했다가 이제 입맛이 싹 다 달아나 커피 냄새조차 영 싫어졌다.

세상에 태어나 언제까지나 같이 살아갈 수는 없는 것

일까? 조금은 아프게 살더라도 처음 서로 만났듯이 가는 길도 같이 할 수는 없는 것일까?

뭣 같이 떫은 세상 거만하고 남들한테 모두 우습게 보이는 사람 그렇지만 나비도 절대로 껍쭉대는 꽃에는 앉지 않는다.

가수는 청중이 많을수록 좋다지만

시인은 외로워 시를 쓴다고 하였다?

그러나, 나는 외로움을 건너뛰어 보려고 썩어빠지고 똥딴지같은 글을 쓰는지도 모르겠다. 그 곳을 지날 때마다 뜻 모를 눈물이 난다.

어디쯤에 고여 있을 추억이 되었을 슬픔이랄까? 그 곳을 지날 때마다 그 사람이 생각난다. 그 이름을 부를 때면 커피 냄새가 난다.

수구초심首丘初心 이어라
여우도 죽을 때 언덕위에서 자기가 태어난 곳으로 머리방향을 두고 죽는다고 하였다. 다시 말해 "고향을 그리워하는 마음"이란 뜻으로도 넓리 쓰인다.

이 화냥년아!

졸음이 머리끄뎅이를 잡아채는 시집살이를 해보지도 않고 네년이 어찌 알겠느냐?

시골 마을마다

지난해 고추 값이 좋았다며 모두가 고추를 심으면 그해 고추 값이 반드시 똥값이 되고... 자리를 옮겨 봐도 미끼를 바꿔 봐도 물고기들은 나같이 나쁜 심보(?)를 가진 놈한테는 찾아와주지 않는가? 보다.

평화롭던 낮은 초가지붕 위에서는

저녁연기가 피어오르고 마실갔던 흰둥이도 힘없이 돌아오는 석양길, 나도 그런 길을 혼자서 외로이 그 사람을 생각하며 천천히 걷고 있었다.

가진 게 없는 것이 이렇게 죄가 될줄이야?

내가 숨겨둔 손수건만한 뙈기밭이라도 두어배미 있었다면 이같이 모든이들이 나를 괄시를 않했을지도 모르는 일일텐데...

감춰둔 연애편지로 봉투접어 과자 사먹다

서울에 올라와 병든 홀시어머니 모시고 살려니 살림살이가 매우 어려웠던 모양이다. 초급 말단(4급을)공무원 월급으로 살림살이를 이끌어가던 그 사람이 많이 어려웠었나 보다? 어느 땐 나 모르게 숨어 다니며 옥수수 장수도 했다하고 밤마다 종이봉투를 접어 앞 골목 구멍가게에서 과자와 맞바꿔 아이들 입을 즐겁게 해줬어야 했다니.

봄이 와서 꽃이 피는 게 아니라 꽃이 피니 봄이 제절로 뒤쫓아 오는 것이겠지... 누구나 늙고 나이 들면 고향에 묻히고 싶은 바램 이지만 정작 고향을 찾을 때는 낳아서 자란 산천초목이 아니라 함께 뛰어 놀던 친구부터 찾는단다. 목덜미에 묶은 때가 버짐이 졌던 어리숙했던 놈들...

코찔찔이가 늙어서 선생님을 찾아 뵙고

햅쌀로 인절미를 만들어 담임선생님을 찾아뵙는다고 했잖은가?

올빼미가 말없이 내려다보는 으스럼 달밤에 콩서리 갔던 날 보일 듯 말듯 흠쳐 보던 개울가 누나들이 멱감던 웃음소리 그날따라 간드러지게 까르르댔던 소리가 그리워지는 까닭은 도대체 무엇 때문일까? 그 해 추석 무렵 보덕포 선창가로 서울 형 마중 가던 날 간사지 뚝 길에서 성이成伊가 슬며시 내 곁으로 다가와 내손에 쥐어주던 눈깔사탕, 꼬깃꼬깃 체온에 밴 그에 마음속을 보았다.

지난 세월을 뒤돌아보면 그 사람과 내가 신혼도 모르

고 병약하셨던 시어머니를 6년 넘게 모시고 살면서도 싫은 기색 한번 내 보이지않던 그 사람이 오늘은 왜 이렇게 그립고 보고 싶나?

 까만 머리로 떠났던 고향 이제는 백발로 돌아와 발꿈치 들고 훔쳐보는 옛집의 유년, 아이들은 어른이 되어 떠나고 이제는 늙어있고 마을은 조용한 황혼으로 가는 끝자락,

 지아비가 땜쟁이를 하면 그 새끼도 땜쟁이를 한다던가? 세월이 흘렀어도 빨갱이는 그대로 빨갱이가 아니던가?

 교토삼굴狡兎三窟이라 했다. 꾀 많은 토끼는 굴을 세 갈래로 파서 언제 닥쳐올지도 모르는 위기에 대처한다고 하였고

 교자채신敎子採薪이라 자식에게 땔나무를 무턱대고 대주지 말고 그것을 캐오는 방법부터 가르치라 했다.

작은 비목碑木하나 세워주면 어떠랴?

 여기 내 조그마한 육신이 불살라져 하얀 연기로 허공을 떠돌다가 미물만도 못한 작은 재로라도 이름 모를 풀잎에 내려앉아 쉬어야겠지? 그러다가 이슬에 적시고 빗

물에 씻겨 똘라강물에 휩쓸려 가겠네 어쩌다가 돌 뿌리에 걸어 채인 이후에 잠시 비탈길 어지러운 낭떨어지로 처박혀 하늘을 올려다 볼 때 생전에 순리를 크게 거역하지 않았으니 순순히 넓은 바다로 데려가주지 않겠나?

  그리고 남아있는 뜨거운 조각들을 깨끗한 하얀 종이에 싸서 내 어릴 적에 뛰어 놀던 그 자리 참샛골 왕대나무밭 곁으로 느르미재 중턱에 묻어놓고 비목碑木 하나 세워주면 먼 훗날 나뭇꾼이 쉬어가다 작대기로 두드리며 내 이름이라도 한번 불러보질 않겠나?

  애초에 내 작은 육신이 여기에 와 있을 줄도 모르고 어리석게 백년이고 천년을 살줄로만 알았던 어리석은 사람이 이만치에 그만 접어두고 떠나야 겠네...